Najlepsza książka kucharska z lodami Boozy

100 pobłażliwych przepisów, które zaspokoją apetyt na słodycze i koktajle

Dominika Tomaszewska

Materiały chronione prawami autorskimi ©2023

Wszelkie prawa zastrzeżone

Żadna część tej książki nie może być wykorzystywana ani przekazywana w żadnej formie ani w żaden sposób bez odpowiedniej pisemnej zgody wydawcy i właściciela praw autorskich, z wyjątkiem krótkich cytatów użytych w recenzji. Tej książki nie należy traktować jako substytutu porady medycznej, prawnej ani innej profesjonalnej porady.

SPIS TREŚCI

SPIS TREŚCI	3
WPROWADZENIE	8
LODY OWOCOWE	9
1. Morelowe lody Earl Grey	10
2. Lody daktylowe am	13
3. Lody ze złotej figi z rumem	16
4. Lody z Rumem i Rodzynkami	18
5. Sorbet Grejpfrutowy	20
6. Sorbet z czerwonych malin	23
7. Sorbet z pestek	25
8. Pani Jeziora	27
9. Sorbet Bellini	29
10. Gotowane owoce	31
11. Lody ananasowe i pianki	33
12. Lody truskawkowe	35
13. Wiśniowo - Jagodowe Lody Amaretto	38
14. Lody Pina Colada	41
15. Burbonowe lody z wędzoną	43
16. Sorbet truskawkowo-szampański	46
17. Lody z krwistej pomarańczy i campari	48
18. Staromodne lody whisky	50
19. Lody bananowo-rumowe	52
20. Lody rumowo-wiśniowe	54

21. Lody z kiwi i bananem w syropie rumowym ... 56
22. Likier bananowo-kokosowo-rumowy ... 58
23. Sałatka z mango z lodami rumowo-rodzynkowymi ... 60
24. Lody z likierem truskawkowym ... 63
25. Lody z truskawkami i czerwonym winem ... 65
26. Mieszanka owoców jagodowych Z Kornwalijskimi Lodami ... 67
27. Lody Ananasowe ... 69
28. Lody morelowe earl grey ... 71
29. Lody Av ocado ... 74
30. Świeże lody figowe ... 76
31. Świeże lody śliwkowe ... 78
32. Lody Mimoza ... 80

LODY CZEKOLADOWE I ŚMIETANE ... 83

33. Lody czekoladowo-rumowo-rodzynkowe ... 84
34. Chochlik pełen lodów czekoladowych ... 86
35. Czekoladowe Późne Lody Rumowe ... 89
36. Lody czekoladowe Jack Daniel's ... 91
37. Lody Czekoladowo-Whisky ... 93
38. Lody Boozy Stout ... 96
39. Lody Creme de Menthe ... 99
40. Brandy & Creme de Cacao Lody ... 101
41. Likier śmietankowy rumowy ... 103
42. Lody Baileys ... 105
43. Lody porto z ostrym sosem ... 107
44. Lody z palonych orzechów laskowych ... 110
45. Lody Kahlua Chip ... 112

46. Lody Wódka Waniliowa — 114
47. Lody Crème de Menthe — 116

szkocka — **118**

48. Karmelowe lody Bourbon & Toffi — 119
49. Lody o palonym karmelu — 122
50. Lody z palonego cukru — 124
51. Boozy Crunchy Butterscotch Lody — 127
52. Lody Armagnac — 130

LODY KAWOWE — **132**

53. Kawa po irlandzku — 133
54. Lody maślane brandy — 136
55. Białe Rosyjskie Lody — 138
56. Włoski Affogato — 140
57. Lody Chartreuse — 142
58. Lody Likier Amarula — 144
59. Lody z likierem kawowym — 146
60. Likier lodowy mokka — 148
61. Lody cappuccino — 150
62. Kreolski poncz do lodów kawowych — 153

LODY SEROWE M — **155**

63. Piwo korzenne i kozi ser Lody — 156
64. Krem z bimberu i syropu kukurydzianego — 158
65. Lody z piwa korzennego — 161
66. Lody Yazoo Sue — 164
67. Lody z ginem i sokiem — 167
68. Wiśniowy sernik i lody — 170

LODY KWIATOWE — 172

69. Lody z likierem pomarańczowym i wodą różaną — 173
70. Lody Kaffir Limonka i Gin — 175
71. Lody Earl Grey z Lawendą — 177
72. Lody z czarnego bzu — 180
73. Hibiscus Strawberry Margarita Float — 183

LODY ZIOŁOWE — 186

74. Lody miętowe Bourbon — 187
75. Lody Baileys Mint Oreo — 189
76. Lody szafranowe — 192
77. Świeże lody miętowe w ryzie — 194

LODY Z PRZYPRAWAMI — 196

78. Ajerkoniak Mrożony Krem — 197
79. Meksykańskie lody — 200
80. Lody Ajerkoniak Z Rumem — 203
81. Pikantne Lody Dyniowe Z Bourbonem — 206
82. Lody Anyżowe — 209
83. Likier śmietankowy Amaretto — 212
84. Cinnamon Toast Crun ch „smażone" lody — 214
85. Lody dyniowo-burbonowe z rodzynkami — 216

LODY W ROLCE — 219

86. Lody w rolkach z piwa korzennego — 220
87. Lody z bimberem i syropem kukurydzianym — 222
88. Lody Wędzone Porter — 224
89. Lody Morelowe Earl Grey — 226

90. Czekoladowe lody z rodzynkami i rumem — 228
91. Lody maślane z brandy — 230
92. Czekoladowe lody w rumie — 232
93. Świąteczny pudding w rolkach — 234
94. Lody daktylowe — 236
95. Lody z ajerkoniakiem i gorącym masłem w rumie — 238
96. Lody w rolkach Daiquiri z mrożonym ananasem — 241
97. Lody w cieście owocowym — 243
98. Złota figa z rumowymi lodami w rolkach — 245
99. Lody w rolkach z kawą po irlandzku — 247
100. Lody czekoladowe Jack Daniel's — 249

ZAKOŃCZENIE — 251

WSTĘP

Co jest lepsze od lodów? Pyszne lody, oczywiście! Wysłać i pić to najlepsza książka kucharska dla każdego, kto kocha lody i koktajle. Dzięki 100 pobłażliwym przepisom ta książka kucharska przeniesie Twoją deserową zabawę na wyższy poziom.

Od klasycznych smaków, takich jak burbon waniliowy i stout czekoladowy, po bardziej odważne opcje, takie jak tequila sunrise i malinowy szampan, Wysłać i pić ma przepis na każdy gust. Każdemu przepisowi towarzyszy kolorowe zdjęcie i wskazówki, jak włączyć alkohol do produkcji lodów.

Oprócz przepisów ta książka kucharska zawiera informacje o najlepszych alkoholach do lodów, a także wskazówki, jak sprawić, by lody były kremowe i gładkie. Niezależnie od tego, czy organizujesz przyjęcie, czy po prostu szukasz zabawnego i pysznego deseru, Wysłać i pić to idealna książka kucharska dla Ciebie

LODY OWOCOWE

1. Morelowe lody Earl Grey

Porcje: 6 porcji

SKŁADNIKI:
- 1 szklanka suszonych moreli
- ⅓ szklanki plus 2 łyżki cukru pudru
- ⅔ szklanki wody
- 1 ½ szklanki mleka
- 2 łyżki liści herbaty Earl Grey
- 1 ½ szklanki gęstej śmietany
- Szczypta soli
- 4 żółtka
- 1 łyżka brandy morelowej lub likieru pomarańczowego

INSTRUKCJE:
a) W małym, ciężkim rondlu połącz morele, 2 łyżki cukru i wodę. Doprowadzić do wrzenia na umiarkowanym ogniu. Zmniejsz ogień do umiarkowanie niskiego i gotuj na wolnym ogniu bez przykrycia, aż morele będą miękkie, od 10 do 12 minut.

b) Przenieś morele i pozostały płyn do robota kuchennego i zmiksuj na gładką masę, raz lub dwa razy zeskrobując boki miski. Odłożyć na bok.

c) W ciężkim średnim rondlu połącz mleko i liście herbaty. Podgrzewać na małym ogniu, aż mleko będzie gorące. Zdjąć z ognia i pozostawić do zaparzenia na 5 minut. Mleko przecedzamy przez sitko o drobnych oczkach.

d) Wlej mleko z powrotem do rondla i dodaj ciężką śmietankę, pozostałe ⅓ szklanki cukru i sól. Gotuj na umiarkowanym ogniu, często mieszając drewnianą łyżką, aż cukier całkowicie się rozpuści, a mieszanina będzie gorąca, od 5 do 6 minut. Zdjąć z ognia.

e) W średniej misce ubij żółtka, aż się połączą. Stopniowo wlewaj cienką strużką jedną trzecią gorącej śmietany, a następnie ubij mieszaninę z powrotem do pozostałej śmietany w rondlu.

f) Gotuj na umiarkowanie małym ogniu, ciągle mieszając, aż krem lekko pokryje tył łyżki, 5 do 7 minut; nie dopuścić do wrzenia.

g) Natychmiast zdejmij z ognia i przecedź krem do średniej miski. Ustaw miskę w większej misce z lodem i wodą. Niech budyń ostygnie do temperatury pokojowej, od czasu do czasu mieszając.

h) Ubij zarezerwowane puree morelowe i brandy, aż się zmieszają. Przykryć i przechowywać w lodówce do ostygnięcia, co najmniej 6 godzin lub na noc.

i) Krem przelać do maszynki do lodów i zamrozić zgodnie z zaleceniami producenta.

2. lody daktylowe

Porcje: 6 porcji

SKŁADNIKI:
- ⅓ szklanki posiekanych daktyli bez pestek
- 4 łyżki rumu
- 2 jajka, oddzielone
- ½ szklanki cukru granulowanego
- ⅔ szklanki mleka
- 1 ½ szklanki twarogu
- Drobno starta skórka i sok z 1 cytryny
- ⅔ szklanki śmietany, ubitej
- 2 łyżki drobno posiekanego imbiru łodygowego

INSTRUKCJE:
a) Namocz daktyle w rumie przez około 4 godziny. Żółtka i cukier umieścić w misce i ubić na jasną masę. W rondelku podgrzej mleko do wrzenia, a następnie wmieszaj je do żółtek. Przełóż mieszaninę z powrotem do opłukanej patelni i gotuj na małym ogniu, ciągle mieszając, aż zgęstnieje. Schłodzić, od czasu do czasu mieszając.
b) Zmiksuj twaróg, skórkę z cytryny, sok i rum wyciśnięty z daktyli w blenderze lub robocie kuchennym na gładką masę, a następnie wymieszaj z budyniem. Wlać mieszaninę do pojemnika, przykryć i zamrozić, aż stanie się twarda. Przełożyć do miski, dobrze ubić, a następnie dodać bitą śmietanę, daktyle i imbir. Białka ubij w misce na sztywną, ale nie suchą pianę i wymieszaj z owocową mieszanką. Wlej mieszaninę z powrotem do pojemnika. Przykryć i zamrozić do stężenia.
c) Około 30 minut przed podaniem przełóż lody do lodówki.

3. Lody ze złotej figi z rumem

Porcje: 6-8 porcji

SKŁADNIKI:
- 150 g suszonych fig gotowych do spożycia
- Serek mascarpone 250g w kartoniku
- Opakowanie 200g jogurtu greckiego
- 2 łyżki jasnego cukru muscovado
- 2 łyżki ciemnego rumu

INSTRUKCJE:
a) Włóż figi do robota kuchennego lub blendera. Dodać serek mascarpone, jogurt, cukier i rum. Mieszaj do uzyskania gładkości, w razie potrzeby zeskrobując boki.
b) Przykryj i wstaw do lodówki na około 30 minut, aż się schłodzi.
c) Przelej mieszankę do maszyny do lodów i zamroź wg instrukcje.
d) Przenieś do odpowiedniego pojemnika i zamroź do momentu, gdy będzie to konieczne.

4. Lody z rumem i rodzynkami

Porcje: 6-8 porcji

SKŁADNIKI:
- 85 g rodzynek
- 3 łyżki ciemnego rumu
- 450g kremu z kartonu
- 284 ml karton śmietanki kremówki, schłodzonej
- 2 łyżki cukru pudru

INSTRUKCJE:
a) Rodzynki włożyć do małej miseczki i skropić rumem. Przykryć i odstawić na kilka godzin lub, jeśli czas pozwoli, na całą noc.
b) Krem przełożyć do słoiczka, dodać śmietankę i cukier. Dobrze wymieszać.
c) Schłodzić mieszaninę w lodówce przez 20-30 minut.
d) Wymieszaj rodzynki i rum z kremem.
e) Przelej mieszankę do maszyny do lodów i zamroź zgodnie z instrukcją.
f) Przenieś do odpowiedniego pojemnika i zamroź do momentu, gdy będzie to konieczne.

5. Sorbet grejpfrutowy

Robi: 1 kwarta

SKŁADNIKI:
- 4 grejpfruty
- 3 łyżki świeżego soku z cytryny
- ½ szklanki lekkiego syropu kukurydzianego
- ⅔ szklanki cukru
- Opcjonalne aromaty: kilka gałązek estragonu, bazylii lub lawendy; lub ½ połowy laski wanilii podzielonej; nasiona usunięte
- ¼ szklanki wódki

INSTRUKCJE:
a) Przygotowanie Za pomocą obieraczki usuń 3 paski skórki z 1 grejpfruta. Wszystkie grejpfruty przekroić na pół i wycisnąć z nich 3 szklanki soku.
b) Gotuj Połącz sok grejpfrutowy, skórkę, sok z cytryny, syrop kukurydziany i cukier w 4-litrowym rondlu i zagotuj, mieszając, aby cukier się rozpuścił. Przenieś do średniej miski, dodaj aromaty, jeśli używasz, i pozostaw do ostygnięcia.
c) Schłodzić Usuń skórkę grejpfruta. Umieść podstawę sorbetu w lodówce i schładzaj przez co najmniej 2 godziny.
d) Zamrażanie Wyjmij podstawę sorbetu z lodówki i odcedź aromaty. Dodaj wódkę. Wyjmij zamrożony pojemnik z zamrażarki, złóż maszynę do lodów i włącz ją. Wlej bazę sorbetu do pojemnika i wiruj tylko do uzyskania konsystencji bardzo miękkiej bitej śmietany.
e) Zapakuj sorbet do pojemnika do przechowywania. Dociśnij arkusz pergaminu bezpośrednio do powierzchni i

zamknij go hermetyczną pokrywką. Zamrażaj w najzimniejszej części zamrażarki, aż stanie się twarda, co najmniej 4 godziny.

6. Sorbet z czerwonych malin

Robi: 1 kwarta

SKŁADNIKI:
- 5 litrów malin
- 1⅓ szklanki cukru
- 1 szklanka syropu kukurydzianego
- ½ szklanki wódki

INSTRUKCJE:

a) Przygotowanie Zmiksuj maliny w robocie kuchennym na gładką masę. Przeciśnij przez sito, aby usunąć nasiona.

b) Gotuj Połącz puree malinowe, cukier i syrop kukurydziany w 4-litrowym rondlu i zagotuj na średnim ogniu, mieszając, aby rozpuścić cukier. Zdjąć z ognia, przełożyć do średniej miski i ostudzić.

c) Schłodzenie Umieść podstawę sorbetu w lodówce i schładzaj przez co najmniej 2 godziny.

d) Zamrażanie Wyjmij podstawę sorbetu z lodówki i dodaj wódkę. Wyjmij zamrożony pojemnik z zamrażarki, złóż maszynę do lodów i włącz ją. Wlej bazę sorbetu do pojemnika i wiruj tylko do uzyskania konsystencji bardzo miękkiej bitej śmietany.

e) Zapakuj sorbet do pojemnika do przechowywania. Dociśnij arkusz pergaminu bezpośrednio do powierzchni i zamknij go hermetyczną pokrywką.

f) Zamrażaj w najzimniejszej części zamrażarki, aż stanie się twarda, co najmniej 4 godziny.

7. Sorbet z owoców pestkowych

Robi: 1 kwarta

SKŁADNIKI:
- 2 funty owoców pestkowych, bez pestek
- ⅔ szklanki cukru
- ⅓ szklanki lekkiego syropu kukurydzianego
- ¼ szklanki wódki z owoców pestkowych

INSTRUKCJE:
a) Przygotowanie Zmiksuj owoce w robocie kuchennym na gładką masę.
b) Gotuj Połącz puree z owoców, cukier i syrop kukurydziany w 4-kwartowym rondlu i gotuj na wolnym ogniu, mieszając, aby cukier się rozpuścił. Zdjąć z ognia, przełożyć do średniej miski i ostudzić.
c) Schłodzić Przecedzić mieszaninę przez sito do innej miski. Wstawić do lodówki i schładzać przez co najmniej 2 godziny.
d) Zamrażanie Wyjąć podstawę sorbetu z lodówki i wymieszać z wódką. Wyjmij zamrożony pojemnik z zamrażarki, złóż maszynę do lodów i włącz ją. Wlej bazę sorbetu do pojemnika i wiruj tylko do uzyskania konsystencji bardzo miękkiej bitej śmietany.
e) Zapakuj sorbet do pojemnika do przechowywania. Dociśnij arkusz pergaminu bezpośrednio do powierzchni i zamknij go hermetyczną pokrywką. Zamrażaj w najzimniejszej części zamrażarki, aż stanie się twarda, co najmniej 4 godziny.

8. Pani Jeziora

Tworzy: 1

SKŁADNIKI:
- ¼ szklanki wódki lub ginu
- 2 łyżki słodkich lodów śmietankowych
- 4-uncjowa miarka sorbetu z pestek owoców
- 1 miecz koktajlowy

INSTRUKCJE:
a) Wstrząśnij wódką i lodami w shakerze, aż lody się rozpuszczą i połączą.
b) Łyżkę sorbetu włożyć do schłodzonego kieliszka.
c) Zalej całość wódką i podawaj.

9. Sorbet Belliniego

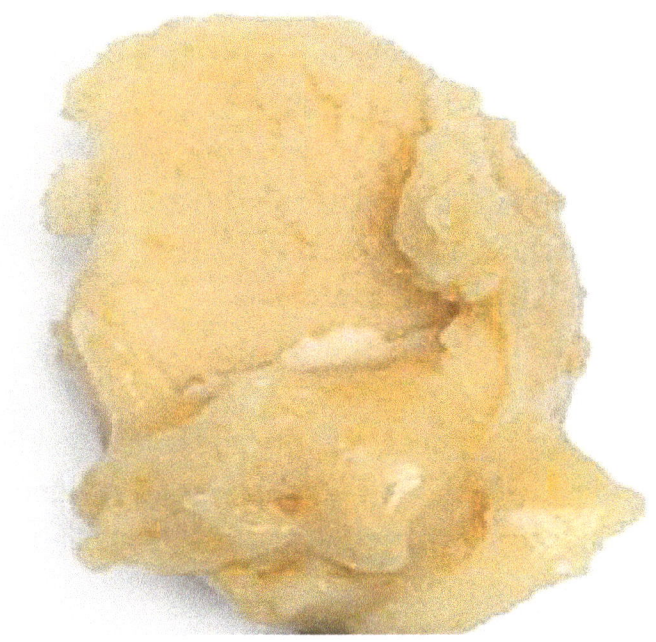

Robi: 1 kwarta

SKŁADNIKI:

- 4 dojrzałe brzoskwinie, obrane, bez pestek i zmiksowane w robocie kuchennym
- ⅔ szklanki cukru
- ¼ szklanki lekkiego syropu kukurydzianego
- ⅔ szklanki białego burgunda
- 3 łyżki świeżego soku z cytryny

INSTRUKCJE:

a) Gotuj Połącz puree z brzoskwiń, cukier, syrop kukurydziany, wino i sok z cytryny w średnim rondlu i zagotuj, mieszając, aż cukier się rozpuści. Przenieś do średniej miski i ostudź.

b) Schłodzenie Umieść podstawę sorbetu w lodówce i schładzaj przez co najmniej 2 godziny.

c) Zamrażanie Wyjmij zamrożony pojemnik z zamrażarki, złóż maszynę do lodów i włącz ją. Wlej bazę sorbetu do pojemnika i wiruj tylko do uzyskania konsystencji bardzo miękkiej bitej śmietany.

d) Zapakuj sorbet do pojemnika do przechowywania. Dociśnij arkusz pergaminu bezpośrednio do powierzchni i zamknij go hermetyczną pokrywką. Zamrażaj w najzimniejszej części zamrażarki, aż stanie się twarda, co najmniej 4 godziny.

10. Gotowane owoce

Porcje: 8 porcji

SKŁADNIKI:
- 1 butelka białego lub czerwonego wina lub 3 szklanki wody
- 2 szklanki cukru
- Przyprawy lub zioła wedle uznania
- 4 duże gruszki lub brzoskwinie

INSTRUKCJE:
a) Połącz wino, cukier i przyprawy lub zioła, jeśli są używane, w 4-kwartowym rondlu i podgrzej prawie do wrzenia na małym ogniu, mieszając, aby rozpuścić cukier.

b) Delikatnie włóż przygotowane owoce do ciepłego płynu do gotowania i gotuj, w razie potrzeby obracając owoce w płynie, aż będą miękkie.

c) Za pomocą łyżki cedzakowej delikatnie wyjmij owoce z płynu do gotowania i podawaj na gorąco lub pozostaw do ostygnięcia na talerzu.

d) Po ostygnięciu owoce można przechowywać w lodówce w hermetycznym pojemniku, zalanym płynem do gotowania, do 3 dni.

11. Lody ananasowe i ptasie mleczko

Porcje: 6 porcji

SKŁADNIKI:
- 1 szklanka miniaturowych pianek marshmallow
- ½ szklanki średnio wytrawnego białego wina lub niesłodzonego soku jabłkowego
- 1 ⅔ szklanki zmiażdżonego ananasa z puszki, dokładnie odsączonego, syrop zarezerwowany
- 1 ¼ szklanki śmietany, ubitej
- ¼ szklanki odsączonych wiśni maraschino, grubo posiekanych

INSTRUKCJE:
a) Umieść pianki, wino lub sok jabłkowy i syrop ananasowy w rondlu na małym ogniu, ciągle mieszając, aż pianki się rozpuszczą. Ostudzić.

b) Złóż śmietanę do schłodzonej mieszanki marshmallow. Wlać do pojemnika, przykryć i zamrozić do stanu miękkości. Ubij dobrze w misce. Złóż zmiażdżony ananas i wiśnie do zamrożonej mieszanki. Przełożyć z powrotem do pojemnika, przykryć i zamrozić do stężenia.

c) Około 20 minut przed podaniem przełóż lody do lodówki. Udekoruj każdą porcję kostkami ananasa, połówkami wiśni maraschino i listkami mrożonej mięty.

12. Lody truskawkowe wirowe

Porcje: 6 porcji

SKŁADNIKI:
- 1 szklanka ciężkiej śmietany
- ⅓ szklanki Erytrytolu
- 2 duże żółtka
- ½ łyżeczka ekstraktu waniliowego
- ⅛ łyżeczka gumy ksantanowej
- 1 łyżka Wódki A
- 1 szklanka Truskawek, puree

INSTRUKCJE:
a) Ustaw garnek z ciężką śmietanką na małym ogniu, aby się rozgrzał. Dodaj ⅓ szklanki erytrytolu do rozpuszczenia.
b) Nie doprowadzaj śmietanki do wrzenia, tylko delikatnie gotuj, aż cały erytrytol się rozpuści.
c) Oddziel 3 żółtka od ich białek do głębokiej miski. Ubij je mikserem elektrycznym, aż podwoją swoją objętość.
d) Następnie, aby utemperować jajka, aby się nie pomieszały, dodaj kilka łyżek gorącej śmietany do jajek podczas ubijania.
e) Rób to, aż masa jajeczna będzie ciepła, a następnie powoli dodawaj resztę śmietany, ciągle ubijając. Dodaj trochę ekstraktu waniliowego i wymieszaj.
f) Dodaj łyżkę wódki i ⅛ łyżeczka gumy ksantanowej.
g) Włóż miskę do zamrażarki na około 1-2 godziny, mieszając od czasu do czasu. Jeśli masz maszynę do lodów, możesz ubijać lody zgodnie z zaleceniami producenta.

h) Gdy lody ostygną i nieco zgęstnieją, czas dodać truskawki. Umyj i obierz filiżankę truskawek i zmiksuj je na puree nie dłużej niż 1-2 sekundy.

i) Dodaj mieszankę truskawkową do schłodzonego kremu. Mieszaj, ale nie przesadzaj.

j) Chcesz, aby wstążki truskawek były widoczne w twoich lodach waniliowych!

k) Pozwól tym truskawkowym lodom schłodzić się przez kolejne 4-6 godzin lub na noc.

l) Następnie, gdy będziesz gotowy do zabawy, pozwól lodom ostygnąć na blacie przez kilka minut i zgarnij! Cieszyć się!

13. Wiśniowo - Jagodowe Lody Amaretto

Porcje: 4 filiżanki

SKŁADNIKI:
- 2 łyżki cukru
- 2 łyżki amaretto
- 2 ½ szklanki świeżych wiśni Bing, bez pestek
- ½ szklanki świeżych jagód
- 2 łyżki skrobi kukurydzianej
- 2 szklanki pół na pół, podzielone
- ⅔ szklanki cukru
- 1 łyżka amaretto
- ¼ łyżeczka soli

INSTRUKCJE:
a) Połącz cukier, Amaretto, wiśnie i jagody w średniej misce. Odstawiamy na 30-45 minut, od czasu do czasu mieszając. Dodaj owoce z sokami do średniego rondla i gotuj na średnim ogniu, często mieszając, aż zmiękną, około 15 minut. Poczekaj, aż owoce lekko ostygną, a następnie dodaj je do robota kuchennego i zmiksuj, aż będą prawie gładkie, pozostawiając trochę tekstury. Odłóż ⅓ szklanki mieszanki owocowej, aby wymieszać z lodami; z powrotem przełożyć pozostałą mieszankę owoców do rondelka.

b) Wymieszaj skrobię kukurydzianą i 3 łyżki pół na pół w małej misce; odłożyć na bok. Dodaj pozostałe pół na pół, cukier, Amaretto i sól do rondla z mieszanką owoców; doprowadzić do wrzenia na średnim ogniu, ciągle mieszając. Wmieszaj mieszankę skrobi kukurydzianej. Ponownie doprowadzić do wrzenia i gotować jeszcze 1-2 minuty, mieszając, aż zgęstnieje. Zdjąć z ognia i ostudzić do temperatury pokojowej , następnie przykryć i schłodzić przez 6 godzin w lodówce.

c) Wlej schłodzoną mieszankę lodów do zamrożonego cylindra maszyny do lodów; zamrażać zgodnie z zaleceniami producenta . Przełóż połowę mieszanki lodowej do pojemnika nadającego się do zamrażania, udekoruj porcjami mieszanki owocowej i powtórz. Zawijaj warstwy razem z drewnianym szpikulcem. Zamroź mieszaninę przez noc, aż stanie się twarda.

14. Lody Pina Colada

Tworzy: 2

SKŁADNIKI:
- 13,5 uncji mleka kokosowego
- 15 uncji śmietanki kokosowej
- ⅓ - ½ szklanki cukru pudru
- ¼ szklanki soku ananasowego
- 2 łyżeczki ekstraktu waniliowego lub pasty z laski wanilii
- ½ szklanki pokrojonych w kostkę ananasów, puree
- ¼ szklanki rumu
- prażone płatki kokosowe, do podania

INSTRUKCJE:
a) W dużej misce wymieszaj mleko kokosowe, śmietankę i cukier. Ubijać przez 2-3 minuty na niskich obrotach, aż cukier się rozpuści. Wymieszaj sok ananasowy, ekstrakt waniliowy i puree ananasowe.
b) Schłodzić mieszaninę przez noc.
c) Włącz maszynę do lodów. Wlej schłodzoną mieszankę do miski zamrażarki i mieszaj, aż zgęstnieje, około 25-30 minut. Jeśli używasz rumu, dodaj go teraz i gotuj jeszcze przez 2-3 minuty.
d) Przenieś miękkie lody do miski nadającej się do zamrażania i zamrażaj przez dodatkowe 2 godziny, aby dojrzały.
e) Podawać z prażonymi płatkami kokosowymi.

15. Bourbon Wędzona Figa

Porcje: 8 porcji

SKŁADNIKI:
NA LODY:
- ½ szklanki lekko ubitego wędzonego cukru bourbona
- ¼ laski wanilii przekroić wzdłuż i zeskrobać
- ⅛ łyżeczki drobnej soli morskiej
- 1 ¼ szklanki pełnego mleka
- 1 ¼ szklanki gęstej śmietany
- 4 duże żółtka
- 1 przepis Masło Figowe Bourbon

NA MASŁO FIGOWE:
- 1 ½ filiżanki pakowane posiekane świeże figi
- ¼ szklanki ekologicznego cukru pudru
- 6 łyżek whisky bourbon
- szczypta drobnej soli morskiej

INSTRUKCJE:
NA LODY:
a) W średnim rondlu z grubym dnem połącz cukier, laskę wanilii, skrobaki, sól i mleko. Podgrzewaj na średnim ogniu, często mieszając, aż mleko będzie gorące. W międzyczasie wlej śmietankę do dużej, żaroodpornej miski i umieść sitko na wierzchu. Umieść żółtka w średniej misce i umieść miskę na wilgotnym ręczniku.

b) Gdy mleko będzie gorące, powoli wlewamy je do żółtek, cały czas mieszając, aby jajka się nie ścięły. Ponownie włóż mieszaninę do garnka i gotuj na małym ogniu, ciągle mieszając elastyczną żaroodporną szpatułką, aż krem zacznie się „przyklejać".

c) Natychmiast przelej krem przez sitko do schłodzonej śmietanki, aby przerwać gotowanie. Przenieś do lodówki i schłodź, aż będzie bardzo zimno, co najmniej 4 godziny i maksymalnie 1 dzień.

d) Gdy baza jest zimna, ubij ją w maszynce do lodów zgodnie z zaleceniami producenta. Umieść dużą blachę do pieczenia w zamrażarce, aby się schłodziła. Gdy lody się ubiją, zeskrob ⅓ lodów na patelnię. Kropkować ⅓ puree z fig. Powtórz z pozostałymi lodami i masłem figowym, pracując szybko, aby lody się nie stopiły, a następnie użyj pałeczki lub noża, aby obrócić górną warstwę. Zamrażaj do twardości, 2 godzin i do kilku tygodni. W przypadku dłuższego przechowywania dociśnij kawałek pergaminu do powierzchni lodów, aby zapobiec tworzeniu się kryształków lodu i owiń go szczelnie.

NA MASŁO FIGOWE:

e) W średnim rondlu z grubym dnem połącz posiekane figi, cukier, whisky i sól. Doprowadzić do wrzenia na średnim ogniu, następnie zmniejszyć ogień do niskiego i gotować na wolnym ogniu, aż mieszanina będzie gęsta i dżemowa, około 10 minut, często mieszając. Lekko ostudź, a następnie przepuść mieszankę fig przez młynek do żywności, aby usunąć skórki. Schłodzić hermetycznie, aż będzie to potrzebne, do 1 tygodnia.

16. Sorbet truskawkowo-szampański

Porcje: 6 porcji

SKŁADNIKI:
- 4 szklanki świeżych truskawek, umytych i obranych
- 1 ½ szklanki szampana lub prosecco
- ⅓ szklanki cukru pudru

INSTRUKCJE:
a) Dodaj wszystkie składniki do blendera i zmiksuj na gładką masę.
b) Przenieś mieszaninę do maszyny do lodów i ubijaj zgodnie z zaleceniami producenta.
c) Zjedz natychmiast lub przełóż do pojemnika odpornego na zamrażanie, aby schłodzić do stężenia.

17. Lody Blood Orange & Campari

Porcje: 6 porcji

SKŁADNIKI:
- ½ szklanki świeżo wyciśniętego soku z czerwonych pomarańczy
- 1 ¼ szklanki cukru pudru
- 2 łyżki Campari
- 2 szklanki gęstej śmietany

INSTRUKCJE:

a) Połącz sok z krwistych pomarańczy i cukier puder w misce i ubijaj, aż cukier się rozpuści.
b) Dodaj Campari do jednej miski i po jednej filiżance śmietany do każdej miski.
c) Delikatnie ubij śmietanę, aż będzie gładka, ale nie sztywna.
d) Łyżką przełożyć do pojemników i zamrozić przez noc.

18. Whisky Old Fashioned Lody

Tworzy: 2

SKŁADNIKI:
- ¼ szklanki soku pomarańczowego
- 0,50 uncji Triple Sec
- 2 uncje żytniej whisky y
- 8 kropli gorzkich aromatów
- 1 ¼ szklanki cukru pudru
- 2 szklanki gęstej śmietany kremówki
- 1-2 brandy wiśniowe

INSTRUKCJE:
a) Połącz sok, whisky, triple sec i bitters w dużej misce.
b) Mieszaj cukier puder, ¼ szklanki na raz, aż się połączy.
c) Dodaj śmietanę kremówkę i mieszaj, aż będzie gęsta, ale nie sztywna.
d) Umieścić w hermetycznym pojemniku lub misce wyłożonej papierem woskowym przykrytej folią.
e) Zamrozić, na noc lub do kilku dni.
f) Podawać z wiśniami w brandy.

19. Lody bananowo-rumowe

Porcje: 12 porcji

SKŁADNIKI:
- 1½ szklanki Bita śmietana
- 1½ szklanki Połowa i połowa
- 6 dużych Żółtka
- ⅔ szklanki Cukier
- 3 łyżki Ciemny rum
- ½ łyżeczki Ekstrakt waniliowy
- 1 funt Dojrzałe banany; (około 3 medycyna), obrane
- 2 łyżki stołowe Świeży sok z cytryny

INSTRUKCJE:
a) Wlać śmietanę i pół na pół do ciężkiego średniego rondla.
b) Doprowadzić mieszaninę, aby się zagotowała. Ubij żółtka i cukier w dużej misce, aby się połączyły. Stopniowo wlewaj gorącą śmietankę.
c) Umieść mieszaninę z powrotem w tym samym rondlu i mieszaj na średnim ogniu, aż mieszanina zgęstnieje i pozostawi ścieżkę na tylnej części łyżki, gdy przeciągniesz palec, około 7 minut (nie gotować).
d) Przecedź krem do czystej, dużej miski. Wymieszać z rumem i wanilią. Przechowywać w lodówce do ostygnięcia, około 2 godzin.
e) Zmiksuj banany i sok z cytryny w blenderze na gładką masę. Wmieszać do śmietany.
f) Przetwarzać w maszynce do lodów zgodnie z zaleceniami producenta.
g) Przełożyć do przykrytego pojemnika i zamrozić.

20. Lody rumowo-wiśniowe

Porcje: 4 Porcje

SKŁADNIKI:

- ¾ szklanki Suszone wiśnie
- Lekki rum
- 2 ½ szklanki Połowa i połowa
- ½ szklanki Cukier
- 4 duże Żółtka
- ¼ łyżeczki Ekstrakt waniliowy

INSTRUKCJE:

a) Wiśnie przełożyć do miski i zalać rumem. Pozostaw do namoczenia na kilka godzin.
b) Podgrzej pół na pół i cukier razem, aż cukier się rozpuści, a wokół krawędzi garnka zaczną tworzyć się bąbelki. Ubij żółtka do uzyskania kremowej konsystencji, a następnie dodaj ½ szklanki podgrzanej mieszanki pół na pół.
c) Wlej ogrzane żółtka z powrotem do pół na pół i kontynuuj gotowanie, mieszając, aż mieszanina kremu pokryje tył łyżki. NIE GOTOWAĆ PRZED ROZGOTOWANIEM, W przeciwnym razie krem się zwarzy. Wymieszać z wanilią, pozostawić do całkowitego ostygnięcia, a następnie schłodzić.
d) Wlać do komercyjnej maszynki do lodów i zamrozić zgodnie z zaleceniami producenta.
e) Odcedź wiśnie. Gdy mieszanina zacznie gęstnieć podczas zamrażania, dodaj wiśnie i zamrażaj, aż lody uzyskają odpowiednią konsystencję.

21. U mnie krem z kiwi i bananem w syropie rumowym

Porcje : 1 porcja

SKŁADNIKI:
- 1 filiżanka Woda
- ¼ szklanki Cukier
- 1 łyżka stołowa Ciemny rum
- ¼ łyżeczki Świeżo starta skórka z limonki
- 1 Kiwi; obrane, pokrojone w ćwiartki wzdłuż i pokroić w kawałkach _
- 1 mały Banan
- Lody waniliowe

INSTRUKCJE:
a) W małym rondelku gotować wodę z cukrem, rumem i skórką 5 minut. dodać kiwi i dusić 2 minuty. Pokrój banana na ¼-calowe plasterki i gotuj na wolnym ogniu w syropie przez 30 sekund.
b) Łyżką cedzakową przełożyć owoce do miski. Zagotuj syrop, aż zredukuje się do około ½ szklanki i wymieszaj z owocami.
c) Podawaj owoce i syrop na lodach.

22. Likier bananowo-kokosowo-rumowy

Porcje: 1 porcja

SKŁADNIKI:
- 2 Dojrzałe banany; puree (około jednej szklanki)
- 2 łyżeczki Ekstrakt kokosowy
- 1½ szklanki Rum
- ½ szklanki wódka
- ½ szklanki Słodzone mleko kondensowane
- ½ szklanki Odparowane mleko
- 1 filiżanka Krem kokosowy

INSTRUKCJE:
a) Banany rozgnieść i zmiksować blenderem z ekstraktem kokosowym, rumem i wódką.
b) Dodaj mleko i miksuj na niskich obrotach przez minutę.
c) Dodać śmietankę kokosową lub mleko kokosowe i mieszać pulsacyjnie przez minutę

23. Sałatka z mango z lodami z rumu i rodzynek

Porcje: 1 porcja

SKŁADNIKI:
- 150 gramów Mango pokrojone w 1 cm kwadraty nasączone 25g rumu
- 100 gramów Zwykła mąka
- 100 gramów Cukier puder
- 100 gramów Masło niesolone; stopiony
- 2 Białka
- 200 mililitrów mleko
- 200 mililitrów Krem
- 1 laska wanilii
- 6 Żółtka
- 75 gramów Cukier cukrowy
- 200 mililitrów Rum
- 50 gramów Sułtany

INSTRUKCJE:
a) Mleko i śmietankę zagotować z laską wanilii.
b) Żółtka zmiksować z cukrem. Wrzący płyn wlać do żółtek. Wymieszaj i wróć do ognia. Gotuj, aż pokryje tył łyżki.
c) Wkładając to do maszyny do lodów dodaj sułtanki nasączone rumem i pozostałym rumem, zgodnie z zaleceniami producenta.
d) Ewentualnie wlej go do dużej miski odpornej na zamrażanie, przykryj i zamrażaj, aż prawie stężeje. Przenieś do robota kuchennego i ubijaj, aż będzie kremowy, a wszystkie kryształki lodu się rozpadną.
e) Przełóż mieszaninę z powrotem do miski, przykryj i ponownie umieść w zamrażarce. Powtórz ten proces dwukrotnie, a następnie zamroź lody, aż będą twarde.

MIESZANKA TUILLOWA:

f) Mąkę i cukier puder przesiej do miski. Szybko wymieszaj stopione masło i białka, aby uzyskać gładką pastę.

g) Przechowywać w lodówce przez 30 minut. Rozłóż mieszaninę na szablonie, aby uzyskać pożądany kształt, na przykład tulipan. Technika tuille polega na cienkim i równomiernym rozprowadzeniu mieszanki na wysmarowanej masłem zamrożonej tacy.

h) Gotuj tuille, aż się zetnie. Pokroić na paski 4 x 20 cm x 3 cm i ponownie wstawić do piekarnika, aż nabiorą złotego koloru.

i) Natychmiast wyjmij paski z piekarnika. Ustaw w kółko, używając pierścienia tnącego jako podparcia, mocno łącząc końce.

j) Napełnij każdy z krążków marynowanym mango. Do tego kulka lodów z rumem i rodzynkami.

24. Lody z likierem truskawkowym

Porcje: 6 porcji

SKŁADNIKI:
- 150 mililitrów Podwójny krem; bita
- 225 gramów Truskawki; oczyszczone, aby dać
- 150 mililitrów Puree
- ½ łyżeczki Esencja waniliowa
- 1 łyżka stołowa Rum -=LUB=-
- 1 łyżka stołowa Maraskino
- 50 gramów Cukier

INSTRUKCJE:
a) Zmiksuj owoce w blenderze i w razie potrzeby przetrzyj przez sito, aby pozbyć się pestek.
b) Śmietanę ubić i wymieszać z pozostałymi składnikami.
c) Wlać do tacki do zamrażania i zamrażać w lodówce/zamrażarce przez około ¾ do 1 godziny.
d) Wyjmij i ubij do uzyskania gładkości, a następnie wróć do tacy i zamroź, aż będzie twarda.
e) Jeśli masz maszynę do lodów, wymieszaj wszystkie składniki razem i wlej do miski do zamrażania.
f) Włącz i przetwarzaj, aż będzie prawie twardy jak zwykle. Dojrzewaj 1 godzinę w zamrażarce przed podaniem.

25. Lody z truskawkami i czerwonym winem

Porcje: 4 Porcje

SKŁADNIKI:
- 2 pinty Truskawki , łodygi REMOVED
- ¼ szklanki Cukier
- ⅓ szklanki Czerwone wytrawne wino
- 1 cała laska cynamonu , 3 Cale długości
- ⅛ łyżeczki Pieprz , świeżo mielony
- 1 półkwarta Lody waniliowe , lekko zmiękczone
- 4 Gałązki świeżej mięty , do Garnirunek

INSTRUKCJE:
a) Połącz cukier, czerwone wino i laskę cynamonu na dużej patelni; gotować na średnim ogniu, aż cukier się rozpuści, około 3 minut.
b) Dodaj truskawki i pieprz; gotować, aż jagody lekko zmiękną, od 4 do 5 minut.
c) Zdejmij z ognia, wyrzuć laskę cynamonu i podziel jagody i sos na naczynia; podawaj z lodami waniliowymi i gałązką mięty, jeśli chcesz.

26. Mieszane owoce jagodowe z lodami kornwalijskimi

SKŁADNIKI:
- 2 duże torby mrożonych mieszanych jagód
- 3 x 75cl słodkiego wina lub Sangrii
- 200 ml wody
- 200 ml cukru pudru, dodać więcej lub mniej
- Lody kornwalijskie

INSTRUKCJE:
a) W rondlu umieść 200 ml wody wraz z cukrem pudrem. Delikatnie podgrzej, a następnie dodaj sangrię i jagody. Jeśli masz blachę Bundt, świetnie, ale jeśli jesteś taki jak ja i nie używasz formy do tarty i małej kokilki do pieczenia umieszczonej do góry dnem na środku.

b) Po delikatnym podgrzaniu, aby połączyć wszystkie smaki, pozostaw do ostygnięcia. Wlej trochę sangrii do tortownicy z kokilek i wstaw do zamrażarki.

c) Po zamrożeniu wyjmij i umieść w misce i podawaj sangrię w szklance z lodami kornwalijskimi.

27. Lody Ananasowe

SKŁADNIKI:

- 1 duży mrożony banan
- Pół dużej pomarańczy, mrożonej (opcjonalnie)
- 2 szklanki mrożonych kawałków ananasa
- 2 łyżki syropu klonowego/miodu
- 1 łyżeczka soku z cytryny
- 1 łyżka wybranego alkoholu, ale nie mocnego (opcjonalnie)
- 2 łyżki jogurtu naturalnego/mleka

INSTRUKCJE:

a) Zmiksuj wszystko razem, aż będzie gładkie.

b) Wlać do tortownicy lub dowolnego metalowego naczynia i przykryć folią spożywczą/plastikową.

c) Zamrażaj przez około 7 godzin lub do momentu, aż stanie się twardy, ale da się go nabierać. Spożywać w ciągu 2 dni, ponieważ ananas w końcu zacznie fermentować.

d) Cieszyć się!

28. Morelowe lody Earl Grey

Porcje: 8 porcji

SKŁADNIKI:
- 1 filiżanka Suszone morele (około 6 uncji)
- ⅓ szklanki Plus
- 2 łyżki stołowe Cukier
- 1½ szklanki mleko
- 2 łyżki stołowe Liście herbaty Earl Grey
- 1½ szklanki Ciężki krem
- 1 szczypta Sól
- 4 Żółtka

INSTRUKCJE:
a) W małym, ciężkim rondlu połącz morele, 2 łyżki cukru i ⅔ szklanki wody. Doprowadzić do wrzenia na umiarkowanym ogniu. Zmniejsz ogień do umiarkowanie niskiego i gotuj na wolnym ogniu bez przykrycia, aż morele będą miękkie, od 10 do 12 minut.

b) Przenieś morele i pozostały płyn do robota kuchennego i zmiksuj na gładką masę, raz lub dwa razy zeskrobując boki miski. Odłożyć na bok.

c) W ciężkim średnim rondlu połącz mleko i liście herbaty.

d) Podgrzewać na małym ogniu, aż mleko będzie gorące. Zdjąć z ognia i pozostawić do zaparzenia na 5 minut. Mleko przecedzić przez gęste sitko.

e) Wlej mleko z powrotem do rondla i dodaj ciężką śmietankę, pozostałe ⅓ szklanki cukru i sól. Gotuj na umiarkowanym ogniu, często mieszając drewnianą łyżką, aż cukier całkowicie się rozpuści, a mieszanina będzie gorąca, od 5 do 6 minut.

f) Zdjąć z ognia.

g) W średniej misce ubij żółtka, aż się połączą. Stopniowo wlewaj jedną trzecią gorącej śmietany cienkim strumieniem, a następnie ubij mieszaninę z powrotem do pozostałej śmietany w rondlu.
h) Gotuj na umiarkowanie małym ogniu, ciągle mieszając, aż krem lekko pokryje tył łyżki, 5 do 7 minut; nie dopuścić do wrzenia.
i) Natychmiast zdejmij z ognia i przecedź krem do średniej miski.
j) Ustaw miskę w większej misce z lodem i wodą. Niech budyń ostygnie do temperatury pokojowej, od czasu do czasu mieszając.
k) Ubij zarezerwowane puree morelowe i brandy, aż się zmieszają.
l) Przykryć i przechowywać w lodówce do ostygnięcia, co najmniej 6 godzin lub na noc.
m) Krem przelać do maszynki do lodów i zamrozić zgodnie z zaleceniami producenta.

29. Lody o smaku awokado

Robi: 1 partia

SKŁADNIKI:
- $\frac{1}{2}$ szklanki likier pomarańczowy
- $\frac{1}{2}$ szklanki Sok cytrynowy
- $14\frac{1}{2}$ uncji Może odparowane mleko dobrze schłodzone
- 1 filiżanka Rozgniecione dojrzałe awokado
- $1\frac{1}{2}$ szklanki Cukier

INSTRUKCJE:
a) Wymieszać sok i likier .
b) Ubij mleko w schłodzonej misce, aż prawie podwoi swoją objętość.
c) Dodać wszystkie składniki ; dobrze wymieszać. Zamrażać.

30. Świeże lody figowe

Porcje: 6 porcji

SKŁADNIKI:
- 1 kwarta Świeże, obrane różowe figi (odmiana Celeste)
- 1 półkwarta Całe mleko
- 1 półkwarta Ciężki krem
- 6 Żółtka
- 1¼ szklanki Drobny, granulowany cukier
- 6 Białka; mocno pobity
- 3 łyżki Kremowe wino sherry

INSTRUKCJE:
a) Drewnianą łyżką rozgnieść obrane figi. Zaparz mleko i śmietankę, ale nie gotuj; przejrzeć.
b) Ubij żółtka i cukier razem, aż będą bardzo jasne. Wlać gorące mleko do masy z żółtek, cały czas mieszając.
c) Dodać ubite na sztywno białka i wymieszać z winem. Ostudź, a następnie zacznij zamrażać. Po lekkim zamrożeniu dodać pokruszone figi; dobrze wymieszać.
d) Wróć do zamrażarki i dokończ zamrażanie. Pozostawić do dojrzewania na kilka godzin przed podaniem.

31. Świeże lody śliwkowe

Sprawia, że: 2 kwarty

SKŁADNIKI:
- 8 Dojrzałe czerwone śliwki
- 4 Jajka
- 1⅓ szklanki _ Cukier
- 2 łyżeczki Sok cytrynowy
- 1-litrowa rumchata

INSTRUKCJE:
a) Umyć śliwki; usunąć i wyrzucić pestki.
b) W blenderze lub robocie kuchennym zmiksuj połowę śliwek z 2 jajkami i ¾ szklanki cukru, aż dobrze się połączą.
c) Wlać do dużej miski.
d) Powtórz z pozostałymi śliwkami, jajkami i cukrem.
e) Połączyć z wcześniej zmiksowaną masą.
f) Wmieszać sok z cytryny i rumchata. Wlać do pojemnika na lody.
g) Zamrozić w maszynce do lodów zgodnie z zaleceniami producenta.

32. Lody Mimoza

Porcje: 10 porcji

SKŁADNIKI:
- 2 szklanki + 2 łyżki pełnego mleka
- 1 ¼ szklanki gęstej śmietany
- 2 łyżki syropu kukurydzianego
- ½ szklanki białego cukru granulowanego
- 1 łyżeczka soli koszernej
- 1 ½ łyżki skrobi kukurydzianej
- 1 łyżeczka ekstraktu waniliowego
- ½ łyżeczki ekstraktu pomarańczowego
- 2 łyżki skórki pomarańczowej
- ⅓ szklanki szampana

INSTRUKCJE:
a) W 4-kwartowym rondlu wymieszaj 2 szklanki mleka, ciężką śmietanę, syrop kukurydziany, cukier i sól. Doprowadzić do wrzenia na średnim ogniu. Obserwuj uważnie i często ubijaj.
b) W osobnej misce wymieszaj mąkę kukurydzianą i zachowane 2 łyżki mleka, aż będą gładkie. Ustaw przy rondlu.
c) Gdy mieszanina się zagotuje, wymieszaj, aby upewnić się, że cały cukier się rozpuścił. Pozwól mieszaninie gotować się powoli przez 2 minuty. Następnie zdejmij z ognia i wymieszaj z mieszanką skrobi kukurydzianej. Ponownie postaw na ogniu i mieszaj, aż mieszanina zacznie bulgotać.
d) Zdjąć z ognia i wymieszać z wanilią, ekstraktem pomarańczowym i skórką pomarańczową. Pozostaw do ostygnięcia do temperatury pokojowej, około 20 minut.

Następnie przelej do szczelnego pojemnika przez sitko, aby usunąć wszelkie grudki i skórkę.

e) Schłodzić co najmniej 6 godzin.

f) Gdy baza lodowa ostygnie, wyjmij ją z lodówki i wlej do maszynki do lodów. Dodaj szampana na wierzch bazy lodowej.

g) Postępuj zgodnie z INSTRUKCJĄ : z producentem, ponieważ mogą się one różnić w zależności od producenta. Włóż wiosło i ubijaj, aż będzie gęste. Z przystawką do lodów KitchenAid zajmuje to około 25-30 minut.

h) Gdy lody się ubiją, przełóż je do hermetycznego pojemnika do zamrażania. Zamroź 4-6 godzin przed spożyciem, aby upewnić się, że ma dobrą konsystencję do nabierania.

LODY CZEKOLADOWE I ŚMIETANE

33. Lody Czekoladowe z Rodzynkami i Rumem

Robi: 4

SKŁADNIKI:
- 1 szklanka bitej śmietany
- ½ szklanki rodzynek Brach's w czekoladzie
- ¾ szklanki mleka
- 1 jajko
- 2 łyżeczki aromatu rumowego

INSTRUKCJE:

a) W małym rondelku na średnim ogniu wymieszaj śmietankę kremówkę i rodzynki w czekoladzie. Mieszaj, aż czekolada się rozpuści. Zdjąć z ognia.

b) Wmieszać mleko, jajko i aromat. Chłod. Zamrozić zgodnie z zaleceniami producenta.

34. Chock Pełen Czekoladowych Lodów

Robi: 4

SKŁADNIKI:
- 3 uncje niesłodzonej czekolady, grubo posiekanej
- 14-uncjowa puszka słodzonego skondensowanego mleka
- 1 ½ łyżeczki ekstraktu waniliowego
- 4 łyżki niesolonego masła
- 3 żółtka
- 2 uncje półsłodkiej czekolady
- ½ filiżanki mocnej czarnej kawy
- ¾ szklanki cukru pudru
- ½ szklanki jasnej śmietany
- 1 ½ łyżeczki ciemnego rumu
- 2 łyżki białego creme de cacao
- 2 szklanki gęstej śmietany
- 2 uncje niesłodzonej czekolady, drobno startej
- ¼ łyżeczki soli

INSTRUKCJE:
a) W podwójnym bojlerze rozpuść 3 uncje niesłodzonej czekolady. Dodaj mleko, mieszając, aż będzie gładkie. Wmieszaj ekstrakt waniliowy i zdejmij z ognia.
b) Pokrój masło na cztery równe części i dodawaj po jednym kawałku na raz, ciągle mieszając, aż cały tyłek zostanie włączony. Ubij żółtka, aż będą jasne i cytrynowe.
c) Stopniowo wlewaj masę czekoladową i kontynuuj mieszanie, aż do uzyskania gładkiej i kremowej konsystencji. Odłożyć na bok.
d) W podwójnym bojlerze podgrzej 2 uncje półsłodkiej czekolady, kawy, cukru i lekkiej śmietanki. Ciągle mieszaj, aż będzie gładkie. Wymieszaj rum i crème de cacao i

pozostaw mieszaninę do ostygnięcia do temperatury pokojowej.

e) Połącz obie mieszanki czekoladowe, ciężką śmietankę, startą niesłodzoną czekoladę i sól w dużej misce. Wlej mieszaninę do pojemnika zamrażarki do lodów i zamroź zgodnie z zaleceniami producenta.

35. Lody Czekoladowo-Rumowe

Robi: 4

SKŁADNIKI:
- ¼ szklanki wody
- 2 łyżki kawy rozpuszczalnej
- 6-uncjowe opakowanie półsłodkich kawałków czekolady
- 3 żółtka
- 2 uncje ciemnego rumu
- 1 ½ szklanki ciężkiej śmietany, ubitej
- ½ szklanki posiekanych migdałów, uprażonych

INSTRUKCJE:
a) W małym rondlu umieść cukier, wodę i kawę.
b) Ciągle mieszając, doprowadzić do wrzenia i gotować przez 1 minutę. Umieść chipsy czekoladowe w blenderze lub robocie kuchennym i przy włączonym silniku zalej gorącym syropem i mieszaj do uzyskania gładkiej konsystencji.
c) Ubij żółtka i rum i lekko ostudź. Zmieszaj czekoladową mieszankę z bitą śmietaną, a następnie wlej do poszczególnych półmisków lub naczynia bombé.
d) Posypać prażonymi migdałami. Zamrażać.
e) Aby podać, wyjmij z zamrażarki co najmniej 5 minut przed podaniem.

36. Lody czekoladowe Jack Daniel's

Robi: 4

SKŁADNIKI:
- 2 szklanki śmietany kremówki
- 2 szklanki pół na pół
- ⅓ szklanki cukru pudru
- ⅓ szklanki niesłodzonego kakao w proszku
- 2 ½ uncji półsłodkiej czekolady, grubo posiekanej
- 6 jajek, ubitych do połączenia
- ⅓ szklanki whisky Jack Daniel's

INSTRUKCJE:
a) Doprowadzić śmietankę i pół na pół do wrzenia w ciężkim dużym rondlu. Dodaj cukier i kakao i mieszaj, aż cukier się rozpuści. Zdjąć z ognia. Dodaj czekoladę i mieszaj, aż będzie gładka. Stopniowo ubijaj ½ szklanki mieszanki czekoladowej z jajkami. Wróć do garnka.

b) Mieszaj na średnim ogniu, aż mieszanina zgęstnieje i pozostawi ślad na tylnej części łyżki, gdy palec będzie przeciągany przez 10 do 15 minut.

c) Przecedzić do miski ustawionej nad większą miską wypełnioną lodem. Całkowicie ostudzić, często mieszając.

d) Wlej whisky do kremu. Krem przełożyć do maszynki do lodów i zamrozić zgodnie z zaleceniami producenta.

e) Zamrozić w przykrytym pojemniku na kilka godzin, aby smaki się przegryzły. Jeśli jest zamrożony, pozwól mu zmięknąć przed podaniem.

37. Lody Czekoladowo-Whisky

Robi: 1 kwarta

SKŁADNIKI:
PASTA CZEKOLADOWA
- $\frac{1}{2}$ szklanki parzonej kawy
- $\frac{1}{4}$ szklanki) cukru
- $\frac{2}{3}$ szklanki kakao w proszku przetwarzanego w Holandii
- $1\frac{1}{2}$ uncji niesłodzonej czekolady, drobno posiekanej

BAZA DO LODÓW
- $2\frac{2}{3}$ szklanki pełnego mleka
- 1 łyżka plus 2 łyżeczki skrobi kukurydzianej
- 4 łyżki serka śmietankowego, zmiękczonego
- $\frac{1}{8}$ łyżeczki drobnej soli morskiej
- $1\frac{1}{2}$ szklanki gęstej śmietany
- $\frac{3}{4}$ szklanki cukru
- 3 łyżki jasnego syropu kukurydzianego
- 3 łyżki kminku, lekko rozgniecione
- $\frac{1}{2}$ szklanki żytniej whisky

INSTRUKCJE:
a) Połącz kawę, cukier i kakao w małym rondlu, zagotuj na średnim ogniu i gotuj przez 30 sekund, mieszając, aby cukier się rozpuścił. Zdejmij z ognia i dodaj czekoladę. Odstaw na kilka minut, a następnie mieszaj, aż będzie bardzo gładkie.

b) Wymieszaj około 2 łyżek mleka ze skrobią kukurydzianą w małej misce, aby uzyskać gładką zawiesinę.

c) Ubij ser śmietankowy, ciepłą pastę czekoladową i sól w średniej misce, aż będą gładkie.

d) Napełnij dużą miskę lodem i wodą.

e) Gotuj Połącz pozostałe mleko, śmietanę, cukier i syrop kukurydziany w 4-litrowym rondlu i doprowadź do oleju na średnim ogniu. Wmieszaj kminek i gotuj przez 4 minuty. Zdjąć z ognia i stopniowo dodawać zawiesinę skrobi kukurydzianej. Doprowadź mieszaninę z powrotem do wrzenia na średnim ogniu i gotuj, mieszając żaroodporną szpatułką, aż lekko zgęstnieje, około 1 minuty. Zdjąć z ognia.

f) Chłodzić Stopniowo mieszaj gorącą mieszankę mleka z serkiem śmietankowym, aż będzie gładka. Wmieszaj whisky. Wlej mieszaninę do 1-galonowej torebki do zamrażania Ziplock i zanurz zamkniętą torebkę w łaźni lodowej. Odstaw, dodając więcej lodu w razie potrzeby, aż będzie zimny, około 30 minut.

g) Zamrażanie Wyjmij zamrożony pojemnik z zamrażarki, złóż maszynę do lodów i włącz ją. Wlej bazę do lodów do zamrożonego pojemnika i obracaj, aż będzie gęsta i kremowa.

h) Zapakuj lody do pojemnika do przechowywania. Dociśnij arkusz pergaminu bezpośrednio do powierzchni i zamknij go hermetyczną pokrywką. Zamrażaj w najzimniejszej części zamrażarki, aż stanie się twarda, co najmniej 4 godziny.

38. Lody Boozy Stout

Robi: 1 kwarta

SKŁADNIKI:
MOCNE LODY
- 2 szklanki gęstej śmietany
- 6 żółtek
- ½ szklanki) cukru
- 1 łyżeczka ekstraktu waniliowego
- ½ łyżeczki soli morskiej
- 12 uncji mocnego piwa

SŁODKO-GORSKIE KRÓWKI
- 3 uncje gorzkiej czekolady, grubo posiekanej
- ¼ szklanki ciężkiej śmietany do ubijania
- 3 łyżki jasnego syropu kukurydzianego
- szczypta soli morskiej

INSTRUKCJE:
a) Podgrzej śmietanę w rondlu z grubym dnem na średnim ogniu. Wymieszaj ¼ szklanki cukru i ½ łyżeczki soli morskiej.

b) Tymczasem w średniej misce ubij razem żółtka i pozostałe ¼ szklanki cukru.

c) Gdy śmietanka zacznie parować, a wzdłuż krawędzi utworzą się małe bąbelki, zmniejsz ogień. Następnie ubij ¼ szklanki gorącej śmietany z żółtkami. Powoli dodawaj kolejne ¾ szklanki śmietany, pracując w krokach co ¼ szklanki.

d) Gdy jajka się zetną, wymieszaj mieszaninę jaj i śmietany z powrotem w ciepłej śmietanie. Podgrzewać na małym ogniu, prawie ciągle mieszając, przez 5 minut.

Mieszanina powinna zgęstnieć na tyle, aby pokryć spód drewnianej łyżki.

e) Zdjąć z ognia. Wymieszaj ze stoutem i ekstraktem waniliowym.

f) Schłodź mieszaninę w lodówce przez 3 - 4 godziny lub ustaw w łaźni lodowej, aby szybciej się schłodzić.

g) Przetwarzaj budyń zgodnie z instrukcjami producenta lodów.

h) Przełóż łyżką do pojemnika odpornego na zamrażanie z pokrywką i zamrażaj przez co najmniej 3 godziny.

i) Aby zrobić gorące krówki, rozgrzej podwójny bojler na średnim ogniu. Dodaj kawałki czekolady i mieszaj, aż się rozpuści. Zmniejsz ogień, aby woda delikatnie bulgotała. Wymieszaj syrop kukurydziany, a następnie $\frac{1}{4}$ szklanki ciężkiej śmietany. Gdy mieszanina będzie gładka i błyszcząca, zmniejsz ciepło, aż będzie gotowa do podania.

j) Lody nakładać do miseczek i skropić gorącą krówką.

39. Lody Creme de Menthe

Robi: 4

SKŁADNIKI:
- 2 szklanki gęstej śmietany do ubijania
- 14 uncji słodzone mleko skondensowane
- 1 szklanka wiórków czekoladowych lub półsłodkich kawałków czekolady
- ⅓ szklanki Creme de Menthe

INSTRUKCJE:
a) Wymieszaj słodzone mleko skondensowane i Creme de Menthe w mikserze, aż się połączą.

b) Wlej ciężką śmietankę do ubijania i mieszaj na średnich obrotach, aż w mieszance utworzą się miękkie szczyty, a następnie dodaj wiórki czekoladowe, aż się połączą.

c) Przenieś mieszaninę do pojemnika z pokrywką nadającego się do zamrażania i zamrażaj przez 8 godzin.

40. Brandy & Creme de Cacao Lody

Robi: 4

SKŁADNIKI:
- 2 uncje Dark Creme de Cacao - słodki likier o smaku czekoladowym
- 2 uncje brandy
- ½ szklanki lodów waniliowych

INSTRUKCJE:
a) Dodaj lody waniliowe, Brandy i Creme de Cacao do blendera
b) Mieszaj, aż będzie gładkie i dobrze wymieszane
c) Wlać do schłodzonego kieliszka do martini i udekorować świeżo startą gałką muszkatołową.

41. Likier rumowy

Robi: 1 przepis

SKŁADNIKI:
- 14 uncji Może słodzone mleko skondensowane
- 1 szklanka ciemnego rumu
- 1 szklanka gęstej śmietany
- $\frac{1}{4}$ szklanki syropu o smaku czekoladowym
- 4 łyżeczki kawy rozpuszczalnej w proszku
- $\frac{1}{2}$ łyżeczki mielonego cynamonu
- $\frac{1}{2}$ łyżeczki ekstraktu waniliowego
- $\frac{1}{4}$ łyżeczki ekstraktu z kokosa

INSTRUKCJE:
a) Połącz wszystkie składniki w blenderze lub robocie kuchennym.
b) Wirować z dużą prędkością, aż dobrze wymieszane i gładkie.
c) Podawaj natychmiast z lodem. Lub szczelnie przykryj i przechowuj w lodówce do 2 tygodni.
d) Wymieszaj przed podaniem.

42. Lody Baileysa

Porcje: 4 Porcje

SKŁADNIKI:
- 2 szklanki podwójnej śmietany
- 1 szklanka pełnotłustego mleka
- 1 szklanka cukru rycynowego
- ½ szklanki Baileysa
- Szczypta soli

INSTRUKCJE:
a) Ubij wszystko razem, aż cały cukier się rozpuści.
b) Następnie zamroź tak, jak normalnie zamrażasz lody, albo w maszynce do lodów, albo w wannie w zamrażarce, mieszając mniej więcej co pół godziny.
c) Ze względu na zawartość alkoholu w tych lodach twardnienie zajmuje zwykle około 12 godzin. Zamraża mocno, więc zaleca się wyjęcie go z zamrażarki na 10 minut przed podaniem. Szybko się rozpuszcza, więc trzeba go szybko zjeść.
d) Nie dodawaj więcej Baileys do miksu. ½ filiżanki może nie wydawać się dużo, ale smak jest bardzo wyraźny.

43. Lody porto z ostrym sosem

Porcje: 6 porcji

SKŁADNIKI:
- 1 szklanka gęstej śmietany
- 1 szklanka pół na pół
- $\frac{3}{4}$ szklanki cukru pudru
- 6 jajek
- $1\frac{1}{2}$ szklanki porto
- 3 łyżki grenadyny
- $1\frac{1}{2}$ szklanki ciężkiej śmietany
- 1 szklanka Pakowany ciemnobrązowy cukier
- 9 łyżek niesolonego masła
- 1 szklanka cukru granulowanego
- $1\frac{1}{2}$ szklanki kakao czekoladowego Hershey's; przesiane i niesłodzone
- $\frac{1}{4}$ łyżeczki soli

INSTRUKCJE:

a) Podgrzej ciężką śmietanę i pół na pół w rondlu o pojemności 2,5 litra na średnim ogniu. Gdy będzie gorący, dodaj $\frac{1}{4}$ szklanki cukru i mieszaj, aby się rozpuścił. Doprowadzić do wrzenia.

b) Gdy śmietanka się nagrzewa, umieść jajka i pozostałe $\frac{1}{2}$ szklanki cukru w misce miksera elektrycznego wyposażonego w łopatkę. Ubijaj jajka na średnich obrotach przez 2 do 2,5 minuty.

c) Zeskrob miskę, a następnie ubijaj na średnich obrotach, aż lekko zgęstnieje i nabierze cytrynowego koloru, 2 $\frac{1}{2}$ do 3 minut.

d) W tym momencie śmietanka powinna się zagotować. Jeśli nie, ustaw niskie obroty miksera i kontynuuj mieszanie, aż śmietanka się zagotuje.

44. z palonych orzechów laskowych

Robi: 3 filiżanki

SKŁADNIKI:

- 1 szklanka mleka homogenizowanego
- 1 szklanka bitej śmietany
- ¾ szklanki Jasnobrązowy cukier, zapakowany
- 1 szczypta soli
- 5 żółtek jaj
- ¼ szklanki likieru orzechowego
- 1 szklanka prażonych orzechów laskowych Oregon

a) Połącz mleko, śmietankę, cukier i sól w głębokim rondlu.
b) Doprowadzić do wrzenia, od czasu do czasu mieszając. Ubij żółtka w dużej misce i powoli wlewaj gorącą śmietanę równomiernym strumieniem.
c) Przecedź mieszaninę do czystej miski. Wmieszać likier. Ochłodzić do temperatury pokojowej.
d) Przykryć i schłodzić przez noc. Zamrozić w maszynce do lodów zgodnie z instrukcją producenta, dodając orzechy laskowe tuż przed zrobieniem lodów.

45. Lody z chipsami Kahlua

Porcje: 1 porcja

SKŁADNIKI:
- 8 dużych żółtek
- 1 szklanka cukru
- 1 kwarta Pół na pół
- 1 łyżka ekstraktu waniliowego
- ¾ filiżanki Zaparzone espresso o podwójnej mocy; zimno
- ½ szklanki Kahlua lub innego likieru kawowego
- 8 uncji półsłodkiej czekolady; posiekana

a) Umieść dużą miskę do mieszania w zamrażarce. W innej dużej misce ubij razem żółtka i cukier, aż będą gęste i bladożółte. W rondelku zagotować pół na pół.
b) Stopniowo wlewać do masy jajecznej, ubijając, aż cukier się rozpuści.
c) Odstaw na 5 minut, a następnie schłodź.
d) Wymieszaj wanilię, zimne espresso i Kahlua w schłodzonym kremie. Przepuścić przez drobne sitko. Wlać do maszynki do lodów i przetwarzać zgodnie z zaleceniami producenta.
e) Gdy lody są prawie gotowe, rozpuść czekoladę nad gotującą się wodą.
f) Zamrożone lody przełożyć do schłodzonej miski z zamrażarki.
g) Wlać roztopioną czekoladę, mieszając i energicznie mieszając drewnianą łyżką. Przełożyć do pojemnika i zamrozić do stężenia.

46. Lody Wódka Waniliowa

Robi: 4

- 4 duże żółtka
- 1 łyżka jasnego syropu kukurydzianego
- 1/4 szklanki cukru granulowanego
- 1 szklanka pełnego mleka
- 3/4 szklanki gęstej śmietany
- 1 łyżeczka ekstraktu waniliowego
- 3 łyżki wódki waniliowej

a) Umieść żółtka, syrop kukurydziany i cukier w małym rondlu i mieszaj, aż całkowicie się połączą, a cukier się rozpuści.
b) Dodaj mleko, śmietanę kremówkę i ekstrakt waniliowy do rondla i mieszaj, aby połączyć.
c) Umieść garnek na kuchence na średnim ogniu, ciągle mieszając gumową szpatułką. Gotuj, aż temperatura osiągnie 165°F – 175°F na termometrze z natychmiastowym odczytem.
d) Zdjąć podstawę z ognia i przecedzić przez sitko o drobnych oczkach do pustej miski.
e) Umieść pintę w kąpieli lodowej. Po schłodzeniu dodać wódkę waniliową, przykryć pokrywką i zamrozić na 24 godziny.
f) Wyjmij kufel z zamrażarki i zdejmij pokrywkę z kufla. Umieść kufel w misce zewnętrznej, zamontuj Łopatkę na pokrywie miski zewnętrznej i zablokuj zespół pokrywy na misce zewnętrznej. Umieść zespół misy na podstawie silnika i przekręć uchwyt w prawo, aby podnieść platformę i zablokować ją.
g) Po zakończeniu przetwarzania wyjmij lody z kufla i natychmiast podawaj.

47. Lody Crème de Menthe

Robi: 24 cu ps

SKŁADNIKI:
- 8 szklanek sorbetu limonkowego
- 16 szklanek lodów waniliowych
- 3 szklanki przygotowanej bitej polewy
- ⅔ szklanki likieru crè me de menthe

INSTRUKCJE:
a) Niech lody i sorbet zmiękną w temperaturze pokojowej przez około 20 minut przed złożeniem. Gdy zmiękną, przełóż je do dużej miski. Użyj elektrycznego miksera ręcznego do włączenia. Jeśli przedmioty są wystarczająco miękkie, można użyć łyżki.

b) Dodaj ubitą polewę i likier crème de menthe (koniecznie kup ciemnozieloną odmianę) i wymieszaj, aby wszystkie składniki się połączyły. Nie powinny być widoczne nitki ubitej polewy ani kawałki lodów.

c) Zamrozić przez noc lub co najmniej cztery godziny przed podaniem. Te lody zachowują bardzo miękką konsystencję, którą można nabierać.

KARMEL I BUTTERSCOTT

48. Lody karmelowe I Bourbon & Toffi

Robi: 1 kwarta

SKŁADNIKI:
- 1 ½ szklanki pełnego mleka
- 1 ½ łyżki skrobi kukurydzianej
- ½ szklanki ulubionego burbona
- 1 ¼ szklanki gęstej śmietany
- 2 łyżki jasnego syropu kukurydzianego
- 4 łyżki serka mascarpone, zmiękczonego
- ¼ łyżeczki soli
- ⅔ szklanki cukru pudru
- ¾ szklanki kawałków toffi z mlecznej czekolady, takich jak chipsy Heath lub posiekany batonik Heath

INSTRUKCJE:
a) Odmierz mleko. Weź 2 łyżki mleka i połącz je ze skrobią kukurydzianą, aby utworzyć zawiesinę, ciągle mieszając. Odłożyć na bok. Dodaj burbon do mleka.
b) Odmierz ciężką śmietanę i dodaj do niej syrop kukurydziany. Dodaj mascarpone do dużej miski i wymieszaj z solą. Odłożyć na bok.
c) Aby zrobić przypalony karmel, rozgrzej duży rondel na średnim ogniu i dodaj cukier, upewnij się, że jest w jednej warstwie i przykryj całe dno garnka. Obserwuj cukier, aż zacznie się topić, a na zewnątrz stanie się karmelowy i roztopiony.
d) Gdy na środku pozostanie tylko niewielka ilość białego cukru, użyj szpatułki odpornej na ciepło i zeskrob stopiony cukier z boków do środka.
e) Kontynuuj, aż cały cukier się rozpuści i dobrze wymieszaj. Obserwuj, jak cukier zaczyna bulgotać, a gdy

krawędzie będą bulgotać i wydzielać dym, a cukier zmieni kolor na ciemnobursztynowy, zdejmij go z ognia. Jedynym sposobem, aby rzetelnie ocenić to, zanim się spali, jest ostrożne stanie na górze i wąchanie/obserwowanie. W chwili, gdy usuniesz go z ognia, dodaj kilka łyżek mieszanki śmietany/syropu kukurydzianego i ciągle mieszaj, aby połączyć. Powoli dodawać pozostałą śmietankę bardzo powoli, cały czas ubijając.

f) Umieść rondel z powrotem na średnim ogniu i dodaj mieszankę mleka i burbona. Doprowadź mieszaninę do wrzenia.

g) Gotować przez 4 minuty. Zdejmij z ognia i wymieszaj zawiesinę skrobi kukurydzianej, mieszając, aby połączyć. Postaw ponownie na ogniu i gotuj jeszcze 1-2 minuty, mieszając szpatułką, aż lekko zgęstnieje. Delikatnie wlej mieszaninę do dużej miski z mascarpone i wymieszaj do połączenia.

h) Napełnij dużą miskę lodem i lodowatą wodą, umieszczając otwartą torebkę ziplock o pojemności galona w wodzie, dnem do dołu. Ostrożnie wlej mieszaninę do torby, wyciśnij powietrze i zamknij. Schłodzić przez 30-45 minut.

i) Po schłodzeniu ubić zgodnie z instrukcją.

j) Po ubiciu rozłóż w pojemniku nadającym się do zamrażania i umieść na wierzchu kawałek plastikowego opakowania, dociskając lody. Zamrozić na 4-6 godzin przed podaniem.

49. Lody o palonym karmelu

Porcje: 4 Porcje

SKŁADNIKI:
- 1 szklanka cukru granulowanego
- 1 szklanka gorącej wody
- 4 jajka
- ½ szklanki cukru pudru
- 2 szklanki gęstej śmietany
- 1 łyżeczka ekstraktu z rumu

a) Podgrzej cukier granulowany i ¼ szklanki wody na dużej patelni na średnim ogniu, aż cukier się rozpuści i zagotuje, od czasu do czasu mieszając.
b) Gotować, aż mieszanina będzie ciemnobrązowa; zdjąć z ognia.
c) Stopniowo wlewaj pozostałe ¾ szklanki wody.
d) Schłodzić do temperatury pokojowej i odstawić.
e) Ubij jajka w średniej misce, aż będą gęste i nabiorą cytrynowego koloru; stopniowo ubijać cukier puder. Wymieszać ze śmietaną i rumem; wymieszać z karmelową mieszanką.
f) Chłod. Zamrozić w maszynce do lodów zgodnie z zaleceniami producenta.

50. Lody z palonego cukru

Porcje: 4 porcje

SKŁADNIKI:
- ⅔ szklanki cukru
- 1 szklanka gęstej śmietany
- 1½ szklanki mleka
- 4 żółtka
- 1 szczypta soli
- 2 łyżeczki brandy
- ¼ łyżeczki wanilii

a) Rozpuść cukier w ciężkim rondlu na średnim ogniu, ciągle mieszając, aż stanie się ciemnobrązowy. W międzyczasie połącz śmietankę i mleko w rondlu i podgrzewaj, aż mieszanina zacznie bąbelkować wokół krawędzi.

b) Gdy cukier się skarmelizuje, zdejmij z ognia i powoli zacznij mieszać w gorącej mieszance mleka. Bądź ostrożny; mieszanina będzie początkowo gwałtownie bulgotać.

c) Po prostu przestań nalewać i mieszaj, aż bulgotanie ustanie, a następnie kontynuuj nalewanie, aż całe mleko zostanie włączone, a karmel całkowicie się rozpuści.

d) Żółtka umieścić w misce, dodać sól i ubić do połączenia. Powoli wmieszaj połowę gorącej mieszanki mlecznej. Wlać z powrotem do pozostałego gorącego mleka i gotować na umiarkowanym ogniu, ciągle mieszając, aż krem lekko zgęstnieje. Zdjąć z ognia i wymieszać z brandy i wanilią.

e) Przechowywać w lodówce do całkowitego schłodzenia. Zamrozić w maszynce do lodów zgodnie z zaleceniami producenta.

51. Boozy Crunchy Butterscotch Lody

SKŁADNIKI:
- 1/2 szklanki słonego sosu maślanego Bourbon

SOS TOFFI
- Kruche Kruszonki
- 1/4 szklanki cukru granulowanego
- 1 łyżka masła, zmiękczyć
- 20 posiekanych orzechów nerkowca (można połączyć z migdałami)

LODY Z ALKOHOLEM
- 2 łyżki budyniu w proszku lub mąki kukurydzianej lub mąki uniwersalnej
- 2 szklanki mleka o temperaturze pokojowej
- 1/2 szklanki cukru granulowanego
- 2 szklanki śmietanki kremówki, zimnej
- 1 łyżka rumu lub burbona

INSTRUKCJE:

a) Butterscotch Crumbs: w małym rondelku rozpuść cukier na średnim ogniu. Gdy zmieni się kolor, mieszaj drewnianą łyżką lub gumową szpachelką, aż do całkowitego rozpuszczenia. Zmniejsz ogień, dodaj masło do mieszanki, mieszaj, aż pojawi się mniej bąbelków. Dodaj posiekane orzechy nerkowca i migdały (jeśli używasz), dobrze wymieszaj. Zdjąć z ognia, rozprowadzić masę na pergaminie. Pozostawić do ostygnięcia. Połamać na małe kawałki. Użyj torebki strunowej i wałka do ciasta, aby zmiażdżyć kawałki toffi na okruchy. Przechowywać w lodówce.

b) W małej misce wymieszaj budyń w proszku z 1/2 szklanki mleka, aż nie będzie grudek, odłóż na bok. W małym rondelku zagotować resztę mleka. Dodać cukier i cały czas dobrze miksować. Do rondelka wlewamy mleko budyniowe. Dusić na małym ogniu przez 5 min. Zdjąć z ognia, odstawić i całkowicie ostudzić.

c) W średniej misce ubij śmietankę kremówkę na miękkie szczyty. Wlej mleko budyniowe do miski, ubijaj przez 1 min. Dodaj okruchy toffi do miksu tyle, ile chcesz (chociaż możesz chcieć zachować trochę na polewę), ubijaj do połączenia, około 30 sekund. Dodaj rum (lub bourbon). Trzymaj miskę w zamrażarce przez godzinę.

d) Pracując szybko, rozłóż 1/3 lodów na dnie hermetycznego pojemnika lub patelni 9 "x 5", takiej jak moja. Skropić 1/4 sosu toffi. Powtórz z dwiema kolejnymi warstwami lodów i sosem toffi.

e) Na górną warstwę upuść łyżkę sosu toffi na lody, a następnie wymieszaj wykałaczką. Wykończ większą ilością okruchów toffi.

f) Zostanie ci trochę sosu toffi do skropienia misek z lodami; przechowuj to w lodówce, podgrzewając, gdy będziesz gotowy do podania.

52. Lody Armagnac

Robi: 2 kwarty

SKŁADNIKI:
- 4 szklanki Śmietanki do ubijania
- 1½ szklanki Pół na pół śmietany
- 12 żółtek jaj
- 1¼ szklanki cukru pudru
- ½ szklanki brandy Armagnac

INSTRUKCJE:
a) W ciężkim rondlu podgrzej śmietankę kremówkę i pół na pół do wrzenia.
b) Energicznie ubij żółtka i cukier w osobnej misce. Powoli wlej połowę gorącej śmietanki.
c) Przełóż całą mieszaninę z powrotem na patelnię i gotuj, ciągle mieszając nad med. podgrzewać, aż będzie wystarczająco gęsty, aby pokryć łyżkę.
d) Odcedź, przykryj i ostudź od czasu do czasu mieszając.

LODY KAWOWE

53. Irlandzka kawa

Robi: 4

SKŁADNIKI:
- 1 szklanka pełnego mleka
- 1½ łyżki kawy rozpuszczalnej lub espresso w proszku
- ⅔ szklanki brązowego cukru, zapakowane
- 1 duże jajko
- 3 duże żółtka
- ¼ szklanki irlandzkiej whisky
- ½ łyżeczki ekstraktu waniliowego
- 2 szklanki gęstej śmietany

INSTRUKCJE:
a) Połącz mleko, kawę rozpuszczalną i cukier w średnim rondlu. Gotuj na średnim ogniu, mieszając, aby rozpuścić cukier, aż mieszanina zagotuje się.
b) W dużej misce wymieszaj jajko i żółtka. Gdy mieszanina mleka się zagotuje, zdejmij ją z ognia i bardzo powoli wlewaj do mieszanki jajecznej, aby ją złagodzić, ciągle mieszając. Po dodaniu całej mieszanki mlecznej wlej ją z powrotem do rondla i kontynuuj gotowanie na średnim ogniu, ciągle mieszając, aż mieszanina zgęstnieje na tyle, aby pokryć tył łyżki, 2 do 3 minut. Zdjąć z ognia i wymieszać z whisky, wanilią i śmietanką.
c) Schłodzić mieszaninę mleka do temperatury pokojowej, a następnie przykryć i przechowywać w lodówce, aż dobrze się schłodzi, na 3 do 4 godzin lub na noc. Wlej schłodzoną mieszankę do maszyny do lodów i zamroź zgodnie z instrukcją.

d) Przenieś lody do pojemnika nadającego się do zamrażania i umieść w zamrażarce. Pozwól mu stężeć przez 1 do 2 godzin przed podaniem.

54. Lody maślane brandy

Robi: 4

SKŁADNIKI:
- ½ litra bitej śmietany
- ¼ litra mleka
- ½ łyżeczki kawy rozpuszczalnej
- 5 uncji cukru cukierniczego
- 1 łyżka ekstraktu waniliowego
- 5 łyżek brandy
- 3 uncje niesolonego masła, zmiękczonego

INSTRUKCJE:
a) Wlej śmietankę i mleko do miski i ubij razem, aż będą miękkie i sztywne.
b) Wymieszaj cukier, ekstrakt waniliowy, kawę rozpuszczalną, brandy i masło, aż będą gładkie.
c) Wlać do pojemnika do zamrażania i zamrozić zgodnie z zaleceniami producenta, aż do zestalenia.

55. Białe rosyjskie lody

Porcje: 4 porcje

SKŁADNIKI:
- 1 szklanka pełnego mleka
- 1 szklanka pół na pół
- 1 szklanka gęstej śmietany
- ¾ szklanki cukru
- 2 łyżki wódki
- 2 łyżki likieru kawowego

INSTRUKCJE:
a) W garnku dodaj produkty mleczne i cukier.
b) Wymieszaj je razem i podgrzej mleko do 170 stopni.
c) Zdejmij z ognia i pozostaw do ostygnięcia w lodówce przez noc.
d) Gdy baza ostygnie, zwykle około 40 stopni, dodaj likiery.
e) Dodaj wszystko do maszyny do lodów i zacznij miksować.
f) Postępuj zgodnie ze wskazówkami producenta dotyczącymi mieszania.

56. Włoski Affogato

Porcja: 1 porcja

SKŁADNIKI:
- 2 gałki lodów waniliowych wysokiej jakości
- 1 porcja espresso
- 1 łyżka likieru orzechowego lub kawowego
- gorzka czekolada do posypania wierzchu

INSTRUKCJE:
a) Zaparz espresso.
b) Nabierz 1-2 gałki lodów waniliowych do szerokiej szklanki lub miseczki i zalej espresso.
c) Wlej 1 łyżkę likieru orzechowego nocino lub innego likieru do lodów i zetrzyj trochę gorzkiej czekolady.

57. Lody Chartreuse

Robi: 1 kwarta

SKŁADNIKI:
- 2 ⅔ szklanki pełnego mleka
- 1 ⅓ szklanki kwaśnej śmietany
- ¾ szklanki cukru
- 3 łyżki zielonego likieru Chartreuse

INSTRUKCJE:

a) Zmiksuj mleko, śmietanę, cukier i Chartreuse w blenderze lub robocie kuchennym na gładką masę.

b) Dokładnie schłódź mieszaninę w lodówce, a następnie zamroź ją w maszynce do lodów zgodnie z zaleceniami producenta.

58. Lody Likier Amarula m.in

Porcje: 8 porcji

SKŁADNIKI:

- 150 ml likieru śmietankowego Amarula
- 400 ml gęstej śmietany do ubijania
- 200 ml pełnotłustego mleka
- 40 g cukru pudru

INSTRUKCJE:

a) Przygotuj maszynkę do lodów zgodnie z zaleceniami producenta. Mój wymaga zamrożenia miski do ubijania na 24 godziny. W tym czasie schłodź także płynne składniki .

b) W misce ubij miksturę na miękkie szczyty.

c) Przykryj miskę folią spożywczą i wstaw do lodówki na 4 godziny [najlepiej zacząć ten krok, gdy miska do ubijania zostanie w zamrażarce na 4 godziny. W ten sposób nie będziesz musiał czekać dodatkowych 4 godzin]

d) Przy pracującej maszynie do lodów wlać schłodzoną mieszankę do ubijaka i ubijać przez 55 minut. Miej to na oku, zacznij sprawdzać od 30 minuty, ponieważ maszyny do lodów różnią się działaniem

e) Podawaj i przenieś resztę do pojemnika nadającego się do zamrażania na później.

59. Lody z likierem kawowym

Porcje: 2 porcje

SKŁADNIKI:
- 2 jajka
- ½ szklanki) cukru
- 4 szklanki skondensowanego mleka
- 1 łyżka kawy rozpuszczalnej w proszku (lub więcej według uznania)
- ½ szklanki likieru kawowego

INSTRUKCJE:
a) Ubij jajka i cukier w dużej misce miksera, aż dobrze się połączą.
b) Podgrzej odparowane mleko i kawę w proszku na średnim ogniu, aż wokół krawędzi pojawią się bąbelki.
c) Stopniowo mieszaj około 2 filiżanek gorącej mieszaniny odparowanego mleka z mieszanką jaj.
d) Wymieszaj mieszaninę jaj z pozostałą mieszanką gorącego mleka.
e) Gotować, mieszać, na małym ogniu, aż masa lekko zgęstnieje.
f) Zdjąć z ognia. Przechowywać w lodówce, aż dobrze schłodzone. Wmieszać likier kawowy. Do pojemnika do zamrażania lodów.
g) Ubić i zamrozić zgodnie z zaleceniami producenta.

60. Likier lodowy Mokka

Porcje: 1 porcja

SKŁADNIKI:
- 1 14 uncji może słodzone mleko skondensowane
- 1 szklanka ciemnego rumu
- 1 szklanka gęstej śmietany
- ¼ szklanki syropu o smaku czekoladowym
- 4 łyżeczki rozpuszczalnej kawy espresso w proszku
- ½ łyżeczki mielonego cynamonu
- ½ łyżeczki ekstraktu waniliowego
- ¼ łyżeczki ekstraktu z kokosa

INSTRUKCJE:
a) Połącz wszystkie składniki w robocie kuchennym lub pojemniku blendera.
b) Przykryj i przetwarzaj na wysokich obrotach, aż mieszanina będzie dobrze wymieszana i gładka. Podawaj kordiał od razu na pękniętym lodzie lub kostkach lodu.
c) Lub przenieś mieszaninę do szczelnie zamkniętego pojemnika i przechowuj w lodówce do 2 tygodni.
d) Wymieszaj tuż przed podaniem.

61. Lody capuccino

Porcje: 1 porcja

SKŁADNIKI:

- 3 żółtka
- 6 uncji cukru Muscovado
- Pół litra półtłustego mleka
- 1 łyżka kawy rozpuszczalnej rozpuszczona w
- 2 łyżki wrzącej wody i ostudzone
- 4 uncje płynu Amaretto Likier
- 4 uncje herbatników Amaretti, pokruszonych
- 4 uncje Ziarna kawy w polewie czekoladowej
- 1 łyżeczka kakao w proszku plus dodatkowo do posypania
- 1 łyżeczka esencji waniliowej
- $\frac{3}{4}$ pinty Podwójna śmietanka
- Czekoladowe loki do dekoracji

INSTRUKCJE:

a) Żółtka, cukier i mleko umieścić w żaroodpornej misce i ustawić na garnku z delikatnie gotującą się wodą.
b) Ubijaj przez około 5 minut, aż zbieleje i zgęstnieje, uważając, aby krem się nie zagotował; Fajny.
c) Do schłodzonego kremu wmieszać kawę, likier, herbatniki, ziarna kawy, kakao w proszku i esencję waniliową.
d) Ubij śmietanę, aż utworzy miękkie szczyty, a następnie wymieszaj z kremem. Zamień w sztywny plastikowy pojemnik i zamrażaj przez 1 godzinę; dobrze ubić.
e) Ponownie włóż do zamrażarki na 1 godzinę, ponownie ubij, a następnie zamroź, aż będzie wymagane.

f) Wyjąć z zamrażarki 15 minut przed podaniem. Przełożyć do miseczek, posypać kakao w proszku i udekorować czekoladowymi lokami.

62. Kreolski poncz do lodów kawowych

Porcje: 12 porcji

SKŁADNIKI:

- 6 jajek
- ½ szklanki) cukru
- 3 filiżanki kawy Louisiana z cykorią
- ¼ szklanki burbona
- ½ litra lodów waniliowych
- ½ litra lodów kawowych

INSTRUKCJE:

a) W dużej misce ubij jajka z dużą prędkością, aż lekko zgęstnieją.
b) Stopniowo dodawać cukier, ubijając, aż masa będzie gładka i bardzo gęsta.
c) Dodaj kawę i bourbon; dokładnie wymieszać.
d) Wlać mieszaninę do miski z ponczem lub dużego dzbanka.
e) Łyżka w lodach; dobrze wymieszać. Pozwól, aby lody lekko się stopiły, aby uzyskać smak ponczu, a następnie natychmiast podawaj.

SEROWE LODY

63. Lody z piwa korzennego i koziego sera

Robi: 1½ kwarty

SKŁADNIKI:
- 12 uncji bitej polewy
- 14 uncji słodzonego skondensowanego mleka
- 6 uncji koziego sera
- 2 łyżki syropu z piwa korzennego

INSTRUKCJE:
a) W misce delikatnie wymieszaj ubitą polewę, mleko, ser i syrop z piwa korzennego, uważając, aby nie spuścić powietrza z ubitej polewy.

b) Gdy dobrze się połączy, przechowuj w hermetycznym pojemniku i zamrażaj przez noc.

c) Podawaj jak Pinewood na chrupiącej kromce chleba lub udekoruj szybko marynowanymi jagodami i przygotuj się na wybuchowy profil smakowy.

64. Krem z bimberu i syropu kukurydzianego

Robi: 1 kwarta

SKŁADNIKI:
- 2 ⅔ szklanki pełnego mleka
- 1 łyżka plus 2 łyżeczki skrobi kukurydzianej
- 4 łyżki serka śmietankowego, zmiękczonego
- ⅛ łyżeczki drobnej soli morskiej
- 1½ szklanki gęstej śmietany
- ⅔ szklanki cukru
- ¼ szklanki lekkiego syropu kukurydzianego
- ⅓ do ½ szklanki bimbru lub białej whisky
- ⅔ szklanki prażonych solonych połówek orzechów pekan
- ½ szklanki syropu kukurydzianego Custard

INSTRUKCJE:
a) Wymieszaj około 2 łyżek mleka ze skrobią kukurydzianą w małej misce, aby uzyskać gładką zawiesinę.
b) Ubij ser śmietankowy i sól w średniej misce, aż będą gładkie.
c) Napełnij dużą miskę lodem i wodą.
d) Gotuj Połącz pozostałe mleko, śmietankę, cukier i syrop kukurydziany w 4-litrowym rondlu, zagotuj na średnim ogniu i gotuj przez 4 minuty. Zdjąć z ognia i stopniowo dodawać zawiesinę skrobi kukurydzianej. Doprowadź mieszaninę z powrotem do wrzenia na średnim ogniu i gotuj, mieszając żaroodporną szpatułką, aż lekko zgęstnieje, około 1 minuty. Zdjąć z ognia.
e) Schłodzić Stopniowo mieszaj gorącą mieszankę mleka z serem śmietankowym, aż będzie gładka. Wlej mieszaninę do 1-galonowej torebki do zamrażania Ziplock i zanurz zamkniętą torebkę w łaźni lodowej h. Odstaw, dodając

więcej lodu w razie potrzeby, aż będzie zimny, około 30 minut. Wmieszać bimber.

f) Zamrażanie Wyjmij zamrożony pojemnik z zamrażarki, złóż maszynę do lodów i włącz ją. Wlej bazę do lodów do pojemnika i wiruj, aż będzie gęsta i kremowa.

g) Zapakuj lody do pojemnika do przechowywania, układając po drodze warstwy orzechów pekan i kremu. Dociśnij arkusz pergaminu bezpośrednio do powierzchni i zamknij go hermetyczną pokrywką.

h) Zamrażaj w najzimniejszej części zamrażarki, aż stanie się twarda, co najmniej 4 godziny.

65. Lody z piwa korzennego

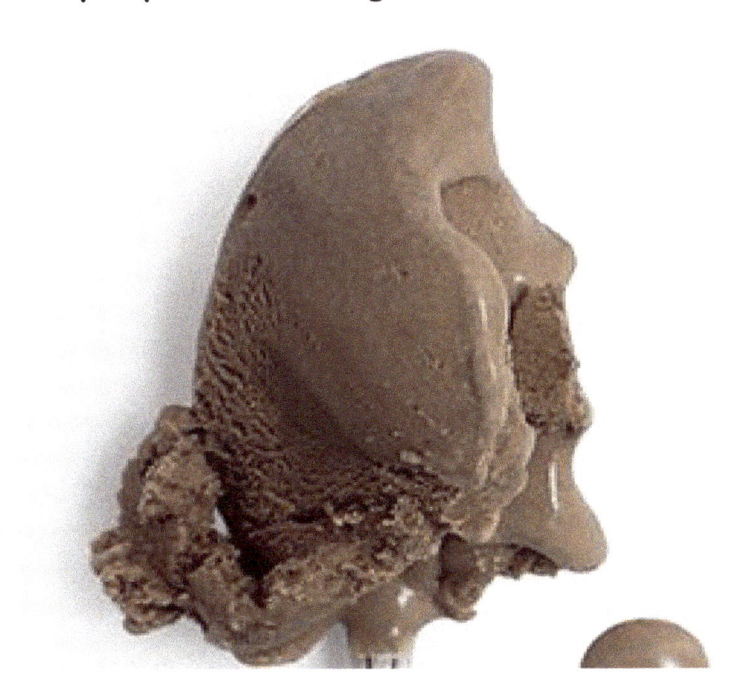

Robi: 1 kwarta

SKŁADNIKI:
- 2 ⅔ szklanki pełnego mleka
- 1 łyżka plus 2 łyżeczki skrobi kukurydzianej
- 4 łyżki serka śmietankowego, zmiękczonego
- ⅛ łyżeczki drobnej soli morskiej
- 1½ szklanki gęstej śmietany
- ¾ szklanki cukru
- ¼ szklanki lekkiego syropu kukurydzianego
- 2 łyżki koncentratu piwa korzennego

INSTRUKCJE:
a) Wymieszaj około 2 łyżek mleka ze skrobią kukurydzianą w małej misce, aby uzyskać gładką zawiesinę.
b) Ubij ser śmietankowy i sól w średniej misce, aż będą gładkie.
c) Napełnij dużą miskę lodem i wodą.
d) Gotuj Połącz pozostałe mleko, śmietankę, cukier i syrop kukurydziany w 4-litrowym rondlu, zagotuj na średnim ogniu i gotuj przez 4 minuty. Zdjąć z ognia i stopniowo dodawać zawiesinę skrobi kukurydzianej. Doprowadź mieszaninę z powrotem do wrzenia na średnim ogniu i gotuj, mieszając żaroodporną szpatułką, aż lekko zgęstnieje, około 1 minuty. Zdjąć z ognia.
e) Schłodzić Stopniowo mieszaj gorącą mieszankę mleka z serem śmietankowym, aż będzie gładka. Dodaj koncentrat piwa korzennego. Wlej mieszaninę do 1-galonowej torebki do zamrażania Ziplock i zanurz zamkniętą torebkę w łaźni lodowej. Odstaw, dodając więcej lodu w razie potrzeby, aż będzie zimny, około 30 minut.

f) Zamrażanie Wyjmij zamrożony pojemnik z zamrażarki, złóż maszynę do lodów i włącz ją. Wlej bazę do lodów do zamrożonego pojemnika i obracaj, aż będzie gęsta i kremowa.

g) Zapakuj lody do pojemnika do przechowywania. Dociśnij arkusz pergaminu bezpośrednio do powierzchni i zamknij go hermetyczną pokrywką. Zamrażaj w najzimniejszej części zamrażarki, aż stanie się twarda, co najmniej 4 godziny.

66. Lody Yazoo Sue

Robi: 1 kwarta

SKŁADNIKI:
- 2 ⅔ szklanki pełnego mleka
- 1 łyżka plus 2 łyżeczki skrobi kukurydzianej
- 4 łyżki serka śmietankowego, zmiękczonego
- ⅛ łyżeczki drobnej soli morskiej
- 1½ szklanki gęstej śmietany
- ¾ szklanki cukru
- ¼ szklanki lekkiego syropu kukurydzianego
- ⅓ szklanki wędzonego porteru
- ½ szklanki orzechów rozmarynowych

INSTRUKCJE:
a) Wymieszaj około 2 łyżek mleka ze skrobią kukurydzianą w małej misce, aby uzyskać gładką zawiesinę.
b) Ubij ser śmietankowy i sól w średniej misce, aż będą gładkie.
c) Napełnij dużą miskę lodem i wodą.
d) Gotuj Połącz pozostałe mleko, śmietankę, cukier i syrop kukurydziany w 4-litrowym rondlu, zagotuj na średnim ogniu i gotuj przez 4 minuty.
e) Zdjąć z ognia i stopniowo dodawać zawiesinę skrobi kukurydzianej. Doprowadź mieszaninę z powrotem do wrzenia na średnim ogniu i gotuj, mieszając żaroodporną szpatułką, aż lekko zgęstnieje, około 1 minuty. Zdjąć z ognia.
f) Schłodzić Stopniowo mieszaj gorącą mieszankę mleka z serem śmietankowym, aż uzyska gładką konsystencję, a następnie wymieszaj z piwem. Wlej mieszaninę do 1-galonowej torebki do zamrażania Ziplock i zanurz

zamkniętą torebkę w łaźni lodowej. Odstaw, dodając więcej lodu w razie potrzeby, aż będzie zimny, około 30 minut.

g) Zamrażanie Wyjmij zamrożony pojemnik z zamrażarki, złóż maszynę do lodów i włącz ją. Wlej bazę do lodów do pojemnika i wiruj, aż będzie gęsta i kremowa.

h) Zapakuj lody do pojemnika do przechowywania, składając po drodze orzechy. Dociśnij arkusz pergaminu bezpośrednio do powierzchni i zamknij go hermetyczną pokrywką.

i) Zamrażaj w najzimniejszej części zamrażarki, aż stanie się twarda, co najmniej 4 godziny.

67. Lody z ginem i sokiem

Robi: 1 kwarta

SKŁADNIKI:
- 2 szklanki pełnego mleka
- 1 plus jedna łyżeczka łyżki stołowej mąki z tapioki
- 1,5 uncji sera śmietankowego
- $\frac{1}{8}$ łyżeczki soli krystalicznej
- ⅔ szklanki cukru
- 4 uncje cukru
- 200 mililitrów ginu Tanqueray

INSTRUKCJE:
a) Wymieszaj 2 łyżki mleka z mąką z tapioki, aby zrobić zawiesinę. Wymieszaj serek śmietankowy i sól w średniej wielkości misce.
b) Wymieszaj resztę mleka, śmietankę, cukier i glukozę na średnim ogniu. Doprowadzić do wrzenia przez 4 minuty. Zdejmij z ognia i wymieszaj z zawiesiną z tapioki. Ponownie zagotuj mieszaninę na średnim ogniu i gotuj, aż będzie nieco gęstsza. Około minuty.
c) Stopniowo mieszaj gorącą mieszankę mleka z serem śmietankowym, aż będzie gładka. Wlej mieszankę do plastikowej torby z zamkiem błyskawicznym o pojemności 1 galona. Schłodź mieszaninę przez noc, a wszystkie smaki staną się chummy.
d) Wlej mieszankę do pojemnika i wiruj, aż będzie gęsta i kremowa.
e) W połowie dolej 100 ml ginu.
f) Ze względu na wysoką zawartość alkoholu zamrażanie lodów zajmuje więcej minut i pozostaje stosunkowo miękkie.

g) Wymieszaj ananasa i cukier w średnim rondlu z grubym dnem.

h) Doprowadzić do wrzenia. Zmiażdż to jabłko. Gotuj przez 8 minut na mocnym ogniu. Zdjąć z ognia. Dodaj gin. Puree. W tym momencie możesz albo przecedzić, albo nie. Wybieram wysiłek.

i) Postaraj się odczekać co najmniej 4 godziny przed jedzeniem.

68. Wiśniowe lody sernikowe

Porcje: 1 porcja

SKŁADNIKI:
- 3 uncje Serek śmietankowy; zmiękczone
- 1 puszka mleka skondensowanego słodzonego
- 2 szklanki Pół na pół
- 2 szklanki śmietany do ubijania, nieubitej
- 1 łyżka wanilii
- ½ łyżeczki ekstraktu z rumu
- 17 uncji Ciemne czereśnie; pestki dobrze osuszone -LUB-
- 10 uncji wiśni Maraschino; odsączone posiekane

INSTRUKCJE:
a) W dużej misce miksera ubij serek śmietankowy na puszystą masę.
b) Stopniowo dodawać słodzone mleko skondensowane, aż będzie gładkie. Dodać pozostałe składniki; Dobrze wymieszać.
c) Wlać do pojemnika do zamrażania lodów. Zamrozić zgodnie z zaleceniami producenta.

LODY KWIATOWE

69. Lody z likierem pomarańczowym i wodą różaną

Porcje: 4-6 porcji

SKŁADNIKI:
- Jogurt grecki 200g karton, schłodzony
- 284 ml karton śmietanki kremówki, schłodzonej
- 85 g cukru pudru
- 4 łyżki likieru pomarańczowego
- 1 łyżka wody z kwiatów pomarańczy
- 1 łyżka wody różanej
- 1 mała limonka

INSTRUKCJE:
a) Jogurt i śmietanę przełożyć do dużego dzbanka.

b) Za pomocą trzepaczki wymieszaj cukier, likier, wodę z kwiatów pomarańczy i wodę różaną.

c) Przekrój limonkę i wyciśnij z niej sok. Zamieszaj w dzbanku.

d) Przykryć i przechowywać w lodówce przez 20-30 minut lub do momentu, aż dobrze się schłodzi.

e) Przelej mieszankę do maszyny do lodów i zamroź zgodnie z instrukcją.

f) Przenieś do odpowiedniego pojemnika i zamroź do momentu, gdy będzie to konieczne.

70. Lody Kaffir Limonka i Gin

Porcja: 3 ½ filiżanki

SKŁADNIKI:
- 3 szklanki pół na pół
- 20 liści limonki makrut, lekko poobijanych
- 2 cale imbiru, cienko pokrojony
- 6 dużych żółtek
- ¾ szklanki cukru
- 5 łyżek ginu
- 1 łyżeczka wody różanej
- ½ łyżeczki soli koszernej

INSTRUKCJE:

a) W średnim rondlu połącz pół na pół, liście limonki i imbir na średnim ogniu. Doprowadzić do wrzenia, a następnie gotować na wolnym ogniu przez 20 minut, od czasu do czasu mieszając. Za pomocą sitka wyłowić liście limonki i plasterki imbiru.

b) W średniej misce ubij żółtka z cukrem, aż będą jasne i lekko zgęstnieją. Wlej chochlą półtorej szklanki do miski, ciągle mieszając, a następnie przenieś mieszaninę żółtek do rondla. Gotuj na małym ogniu, często mieszając, aż baza pokryje tył łyżki, ale przesunięcie palcem pozostawi czystą linię.

c) Przecedź do hermetycznego pojemnika, a następnie wymieszaj z ginem i wodą różaną. Doprawiamy solą do smaku i schładzamy przez noc w lodówce.

d) Następnego dnia ubić zgodnie z zaleceniami producenta.

71. Lody Earl Grey z lawendą

Sprawia, że: 8-10

SKŁADNIKI:
- 2 szklanki gęstej śmietany
- 3 torebki herbaty Earl Grey
- 1 łyżeczka suszonych pąków lawendy
- 14-uncjowa puszka słodzonego skondensowanego mleka
- 4 łyżeczki likieru
- 1 łyżeczka ekstraktu waniliowego
- ½ łyżeczki soli
- Fioletowy barwnik spożywczy

INSTRUKCJE:
a) W małym rondelku podgrzej gęstą śmietanę i herbatę Earl Grey do poziomu poniżej wrzenia. Zdejmij z ognia i pozwól Earl Grey zaparzyć się w gęstej śmietanie, aż osiągnie temperaturę pokojową. Schładzamy w lodówce co najmniej kilka godzin, a najlepiej całą noc.

b) Opcjonalnie lawendowy wir: podziel ciepłą śmietankę Earl Grey na dwa osobne pojemniki. Dodaj 1 łyżeczkę suszonych pąków lawendy i jedną z torebek herbaty Earl Grey do jednej, a 2 torebki herbaty Earl Grey do drugiej. Schłodzić przez noc.

c) Gdy ostygnie, wyjmij torebki z herbatą Earl Grey i ubijaj gęstą śmietanę z pozostałymi składnikami na sztywną pianę, około 4 minut.

d) Opcjonalny lawendowy wir: Wyjmij torebki herbaty z lodów Earl Grey i dodaj połowę słodzonego skondensowanego mleka, 2 łyżeczki likieru, ekstrakt waniliowy i ¼ łyżeczki soli. Ubijaj na sztywną pianę. W lodach lawendowych dodać resztę składników oprócz fioletowego barwnika spożywczego. Ubijaj na sztywną pianę.

e) Dodaj lody do tortownicy lub formy do chleba. Przykryć szczelnie folią i zamrozić do zestalenia, co najmniej 6 godzin.

f) Opcjonalny lawendowy wir: Dodając lody na patelnię, rób to w losowych porcjach każdego koloru, a następnie ostrożnie mieszaj łyżką. Ułożyłem 3 warstwy gałek, mieszając każdą warstwę. Przykryć szczelnie folią i zamrozić do zestalenia, co najmniej 6 godzin.

72. Lody z czarnego bzu

Robi: 1 kwarta

SKŁADNIKI:
- 1 ½ szklanki pełnego mleka
- 2 szklanki gęstej śmietany
- ½ szklanki kwaśnej śmietany
- 4 duże żółtka
- ½ szklanki miodu
- 4-5 likierów z czarnego bzu
- ½ łyżeczki ekstraktu waniliowego
- szczypta soli

INSTRUKCJE:
a) Ubij żółtka i odłóż na bok.

b) W rondlu z grubym dnem połącz mleko, śmietanę, kwaśną śmietanę, sól i miód.

c) Pokrój pojedyncze różyczki w mieszankę, odrzucając jak najwięcej łodygi. Podgrzewaj na średnim ogniu, aż będzie gorący, często mieszając. NIE GOTOWAĆ.

d) Gdy mieszanina mleka i śmietanki jest gorąca, energicznie wlej chochlę do żółtek. Powoli wlewaj masę jajeczną do mieszanki mleka/śmietany, ponownie energicznie mieszając.

e) Ponownie postaw rondel na średnim ogniu i gotuj dalej, aż zgęstnieje i pokryje tylną część łyżki, ciągle mieszając. Zdjąć z ognia. Wmieszać ekstrakt waniliowy.

f) Przelej mieszaninę przez sito o drobnych oczkach do pojemnika lub miski, aby się schłodziła. Odrzuć resztki kwiatu czarnego bzu.

g) Po całkowitym schłodzeniu mieszanki śmietankowej postępuj zgodnie z **INSTRUKCJĄ** maszyny do lodów dotyczącą ubijania. Alternatywnie, jeśli nie masz maszynki do lodów , wlej mieszaninę do naczynia do pieczenia z brzegiem i schłodź w zamrażarce, zeskrobując mieszaninę widelcem co pół godziny, aby uzyskać stałą, ale lekką konsystencję.

73. Hibiskus Truskawkowa Margarita Float

Robi: 4

SKŁADNIKI:
SYROP Z TRUSKAWKI Z HIBISKUSA
- 2 szklanki wody
- ¾ szklanki cukru
- 1 funt pokrojonych truskawek
- 1 uncja suszonych kwiatów hibiskusa lub taka sama waga w torebkach z herbatą z hibiskusa

PŁYTA DO LODÓW MARGARITA
- 1 kieliszek syropu truskawkowego z hibiskusa
- 1 ½ shota srebrnej tequili
- 1 - 2 miarki sorbetu solonej limonki - w zależności od tego, ile chcesz! Mieliśmy 1 ½ miarki kupionego w sklepie sorbetu limonkowego z odrobiną soli morskiej posypanej na wierzchu
- Soda cytrynowo-limonkowa do góry

INSTRUKCJE:
SYROP Z TRUSKAWKI Z HIBISKUSA
a) Zagotuj wodę, cukier i hibiskus. Po zagotowaniu gotować jeszcze 15 minut do zgęstnienia. Odpływ.

b) Ponownie zagotuj płyn z hibiskusa i dodaj plasterki truskawek. Gotować na małym ogniu przez 5-10 minut, aż truskawki zmiękną, a syrop zgęstnieje. Pozwól mu całkowicie ostygnąć. Odcedzamy płyn przez gęste sito i delikatnie dociskamy truskawki, aby wydobyć cały płyn.

c) Przelej do butelki. Niech chłodzi przez noc.

PŁYTA DO LODÓW MARGARITA
d) Wlej syrop truskawkowy z hibiskusa i tequilę do wysokiej szklanki do lodów lodowych.

e) Dodaj gałkę sorbetu z limonki.
f) Dopraw sodą cytrynowo-limonkową i posyp solą.
g) Opcjonalnie - zetrzyj skórkę z limonki na wierzchu pływaka.
h) Natychmiast podawaj. Zamieszaj zanim wypijesz!

LODY ZIOŁOWE

74. Lody miętowe Bourbon

Porcje: 9 porcji

SKŁADNIKI:
- 4 jajka
- ¾ szklanki cukru
- ½ szklanki burbona
- 1 puszka mleka skondensowanego słodzonego Eagle (14 uncji)
- 6 filiżanek Pół na pół
- świeża mięta (dekoracja)

INSTRUKCJE:
a) Jajka ubić na średnich obrotach, stopniowo dodawać cukier.
b) Dodaj bourbon i orle mleko, dobrze mieszając. Dodaj pół na pół.
c) Wlać do zamrażarki o pojemności 1 galona, zamrozić zgodnie z zaleceniami producenta.
d) Udekoruj każdą porcję gałązkami mięty.

75. Lody Baileys Mint Oreo

Porcje: 6 filiżanek

SKŁADNIKI:
- 1 ½ szklanki pełnego mleka
- 1 ½ szklanki gęstej śmietany
- 1 laska wanilii, przekrojona na pół
- 2 duże jajka
- 3 duże żółtka
- ¾ szklanki cukru pudru
- 2 łyżki śmietanki irlandzkiej Baileys
- 5-6 czekoladowych ciasteczek Oreo miętowych, pokruszonych

INSTRUKCJE:
a) W średnim rondlu połącz mleko i śmietankę. Podziel laskę wanilii i wyskrob nasiona. Wymieszaj nasiona z mieszanką mleka. Na średnim ogniu doprowadzić mieszaninę mleka i śmietanki do powolnego wrzenia. Zmniejsz ogień do niskiego poziomu i gotuj na wolnym ogniu przez 30 minut, od czasu do czasu mieszając.
b) W dużej misce połącz jajka, żółtka i cukier. Za pomocą miksera ubij jajka, aż mieszanina będzie gęsta, gładka i bladożółta, około 2 minuty na średnich obrotach.
c) Wyjmij laskę wanilii z mieszanki mlecznej i wlej filiżankę mieszanki gorącego mleka i śmietanki. Zmniejsz obroty miksera do niskich i powoli dodawaj gorące mleko do masy jajecznej. Uważaj, aby nie zrobić jajecznicy, więc dodaj mleko powolnym, stałym strumieniem, mieszając jajka na niskich obrotach. Mieszać do połączenia. Następnie wlej mieszaninę jaj z powrotem do rondla z pozostałą mieszanką mleka i śmietany i wymieszaj, aby

połączyć. Gotuj, ciągle mieszając, na średnim ogniu, aż mieszanina będzie wystarczająco gęsta, aby przykryć tył łyżki. Przełożyć do miski, przykryć i całkowicie schłodzić.

d) Po schłodzeniu włącz maszynę do lodów. Wlej schłodzony krem do miski i ubij zgodnie z zaleceniami producenta.

e) Około 5 minut przed końcem dodać pokruszone Oreo i dalej miksować. Dodaj Baileys w ostatnich dwóch minutach.

f) Przenieś lody do miski nadającej się do zamrażania i zamrażaj przez około 3 godziny lub całą noc.

76. Lody szafranowe

Robi: 4

SKŁADNIKI:
- 1 ½ szklanki pół na pół
- 1 jajko
- ½ grama szafranu, drobno posiekanego
- Brandy
- ⅓ szklanki cukru

INSTRUKCJE:

a) Namocz szafran w bardzo małej ilości brandy na godzinę. Gotuj jajko dokładnie 45 sekund. Połącz wszystkie składniki i wstaw do lodówki na ½ godziny. Następnie postępuj zgodnie ze zwykłą procedurą dla twojej maszyny do lodów.

77. Lody ze świeżej mięty ogrodowej

Porcje: 1 porcja

SKŁADNIKI:

- 1½ szklanki cukru
- 1½ szklanki wody
- 1 szklanka świeżego ananasa; drobno pokruszony
- 2 szklanki liści mięty; drobno pokruszyć
- 1 szklanka lekkiego syropu kukurydzianego
- 1 szklanka niesłodzonego soku ananasowego
- 2 szklanki mleka
- 2 szklanki śmietany do ubijania
- ¼ szklanki Creme de menthe

INSTRUKCJE:

a) Połącz cukier i wodę; gotować i mieszać, aż mieszanina się zagotuje. Gotuj do uzyskania miękkiej kuli (235~).
b) Dodaj liście mięty; gotować około 10 minut dłużej. Zdjąć z ognia; napięcie.
c) Dodaj syrop kukurydziany; ostudzić.
d) Dodaj pozostałe składniki; zamrozić w ręcznie obracanej lub elektrycznej zamrażarce do lodów. Pozwól dojrzeć.

LODY Z PRZYPRAWAMI

78. Mrożony krem z ajerkoniaku

Robi: 1 kwarta

SKŁADNIKI:
- 2¾ szklanki pełnego mleka
- 6 dużych żółtek
- 1 łyżka plus 2 łyżeczki skrobi kukurydzianej
- 2 łyżki serka śmietankowego, zmiękczonego
- ½ łyżeczki drobnej soli morskiej
- ⅛ łyżeczki startej gałki muszkatołowej
- ½ łyżeczki ekstraktu waniliowego
- 1 szklanka gęstej śmietany
- ¾ szklanki cukru
- 2 łyżki jasnego syropu kukurydzianego
- ¼ szklanki whisky

INSTRUKCJE:
a) Wymieszaj około 2 łyżek mleka, żółtek jaj i skrobi kukurydzianej w małej misce i odłóż na bok.

b) Ubij ser śmietankowy, sól, gałkę muszkatołową i wanilię w średniej misce, aż będą gładkie.

c) Napełnij dużą miskę lodem i wodą.

d) Gotuj Połącz pozostałe mleko, śmietankę, cukier i syrop kukurydziany w 4-litrowym rondlu, zagotuj na średnim ogniu i gotuj przez 4 minuty.

e) Zdejmij z ognia i stopniowo dodawaj około 2 szklanek gorącego mleka do mieszanki żółtek, po jednej chochli, dobrze mieszając po każdym dodaniu.

f) Wlać mieszaninę z powrotem do rondla i podgrzewać na średnim ogniu, ciągle mieszając żaroodporną szpatułką, tylko do momentu wrzenia. Zdjąć z ognia i w razie potrzeby przecedzić przez sito.

g) Chłodzić Stopniowo mieszaj gorącą mieszankę mleka z serkiem śmietankowym, aż będzie gładka. Wlej mieszaninę do 1-galonowej torebki do zamrażania Ziplock i zanurz zamkniętą torebkę w łaźni lodowej. Odstaw, dodając więcej lodu w razie potrzeby, aż będzie zimny, około 30 minut.

h) Zamrażanie Wyjmij zamrożony pojemnik z zamrażarki, złóż maszynę do lodów i włącz ją. Wlej podstawę kremu do pojemnika, dodaj whisky i wiruj, aż będzie gęsta i kremowa.

i) Zapakuj krem do pojemnika do przechowywania. Dociśnij arkusz pergaminu bezpośrednio do powierzchni i zamknij go hermetyczną pokrywką. Zamrażaj w najzimniejszej części zamrażarki, aż stanie się twarda, co najmniej 4 godziny.

79. Meksykańskie lody z przyprawami

Robi: 4

SKŁADNIKI:
- 2 szklanki pełnego mleka
- 1 szklanka cukru
- Szczypta sody oczyszczonej
- 1 sztuka cynamonu meksykańskiego
- 2 duże żółtka
- ½ szklanki ciemnego rumu lub brandy
- 1 łyżeczka czystego ekstraktu waniliowego
- 2 szklanki pół na pół
- ⅔ szklanki cukru
- 1 łyżeczka soli koszernej
- 1 łyżeczka czystego ekstraktu waniliowego

INSTRUKCJE:
a) Aby zrobić ajerkoniak, połącz mleko, cukier, sodę oczyszczoną i cynamon w dużym rondlu i zagotuj na średnim ogniu, mieszając, aby cukier się rozpuścił. Zmniejsz ogień, aby utrzymać równomierne gotowanie i gotuj przez 30 minut lub do momentu, gdy mieszanina zredukuje się do około 3 filiżanek.

b) W żaroodpornej misce ubij żółtka i stopniowo wlewaj około 1 szklanki gorącej mieszanki mlecznej, ciągle mieszając. Wlać tę mieszaninę do rondla i gotować na małym ogniu, ciągle mieszając, aż lekko zgęstnieje, 5 do 7 minut. Natychmiast wlej mieszaninę do miski ustawionej w łaźni lodowej i pozwól jej ostygnąć do temperatury pokojowej. Usuń i wyrzuć cynamon i wymieszaj z rumem i wanilią. Przykryć i schłodzić do ostygnięcia.

c) W małym rondlu połącz 1 szklankę pół na pół i cukier. Doprowadzić do wrzenia na średnim ogniu, mieszać pierścień, aby rozpuścić cukier. Dodaj pozostałe pół na pół, a następnie wlej mieszaninę do miski i pozostaw do ostygnięcia do temperatury pokojowej.

d) Dodaj sól, wanilię i 1 szklankę schłodzonego ajerkoniaku .

e) Przykryć i przechowywać w lodówce do ostygnięcia, co najmniej 2 godziny lub do nocy.

f) Zamrozić i ubić w maszynce do lodów zgodnie z zaleceniami producenta . Przełożyć do pojemnika, przykryć i wstawić do zamrażarki na 2-3 godziny.

80. Lody Ajerkoniak Z Rumem

Robi: 4

SKŁADNIKI:
- 3 szklanki śmietany kremówki
- 1 szklanka pełnego mleka
- 1 laska wanilii, podzielona wzdłuż
- 6 dużych żółtek
- 1 szklanka cukru granulowanego
- ¼ szklanki ciemnego rumu
- ¼ łyżeczki mielonej gałki muszkatołowej

SOS
- 6 łyżek niesolonego masła
- 1 szklanka zapakowanego złotego brązowego cukru
- ⅓ szklanki śmietanki kremówki
- 2 łyżki jasnego syropu kukurydzianego
- 2 łyżki ciemnego rumu

INSTRUKCJE:
a) Połącz bitą śmietanę i mleko w ciężkim średnim rondlu. Zeskrobać ziarenka z laski wanilii.
b) Dodaj fasolę. Doprowadzić do wrzenia.
c) Ubij żółtka i cukier w dużej misce, aby się połączyły. Stopniowo wlewaj gorącą śmietankę. Przełóż mieszaninę z powrotem do rondla. Stale mieszaj na średnio-niskim ogniu, aż krem zgęstnieje i pozostawi ścieżkę z tyłu łyżki, gdy przeciągniesz palec, około 5 minut.
d) Przecedzić do dużej miski. Wymieszać z rumem i gałką muszkatołową. Przechowywać w lodówce do ostygnięcia.
e) Mieszankę procesową w maszynce do lodów zgodnie z zaleceniami producenta. Przełożyć do pojemnika i

zamrozić. Można zrobić 4 dni wcześniej. Przechowywać w stanie zamrożonym.

sos

f) Rozpuść masło w ciężkim średnim rondlu na średnim ogniu. Dodaj brązowy cukier, śmietanę i syrop kukurydziany. Gotować przez 1 minutę. Zdjąć z ognia. Wymieszaj z rumem. Lekko ostudzić.

g) Lody przełożyć do pucharków. Łyżka ciepłego sosu na lody.

81. Pikantne Lody Dyniowe Z Bourbonem

Porcje: 10 porcji

SKŁADNIKI:
- ¾ szklanki pełnego mleka
- 1 ¼ szklanki śmietany
- ¼ łyżeczki soli
- ¾ szklanki ciemnobrązowego cukru
- 4 żółtka
- 1 szklanka puree z dyni
- 1 łyżeczka ekstraktu waniliowego
- ½ łyżeczki mielonego cynamonu
- ½ łyżeczki mielonego imbiru
- 1 szczypta mielonej gałki muszkatołowej
- 1 łyżka burbona

INSTRUKCJE:
a) W średnim rondlu na średnim ogniu podgrzej mleko, śmietankę, sól i ½ szklanki cukru. Upewnij się, że się nie gotuje!
b) Ubij żółtka w osobnej misce z ¼ szklanki cukru, aż będą bardzo kremowe i przewiewne.
c) Powoli wlej około połowy ciepłego mleka do żółtek, ciągle mieszając.
d) Dodaj podgrzaną mieszaninę żółtka z mlekiem z powrotem do rondla i gotuj na małym ogniu, ciągle mieszając. Gotuj, aż temperatura osiągnie 160°-170°F lub użyj tylnej części szpatułki.
e) Po zakończeniu przelej mieszaninę przez sitko do miski umieszczonej w łaźni lodowej.

f) Dodaj puree z dyni, wanilię, cynamon, imbir i gałkę muszkatołową. Użyj zanurzeniowego blendera, aby dokładnie wszystko wymieszać.

g) Mieszaj od czasu do czasu, aż ostygnie i dodaj do maszyny do lodów.

h) Postępuj zgodnie ze wskazówkami producenta dotyczącymi wykańczania lodów

i) Dodaj bourbona na około 2-3 minuty, zanim lody będą gotowe do nabierania.

82. Lody anyżowe

Robi: 1,5 kwarty

SKŁADNIKI:
- 2 szklanki mleka
- 2 szklanki śmietany
- ½ szklanki) cukru
- ½ szklanki całego anyżu gwiazdkowatego
- 1 szczypta soli
- 8 żółtek
- 2 łyżki likieru anyżowego

INSTRUKCJE:
a) Delikatnie uprażyć anyż gwiazdkowaty na małym ogniu w garnku z grubym dnem, aż nabierze aromatu.
b) Ostudzić.
c) Połącz mleko, śmietankę, cukier, anyż i sól w małym garnuszku i zagotuj, zdejmij z ognia, przykryj i pozostaw do ostygnięcia.
d) Spróbuj mieszanki mlecznej, aby sprawdzić siłę naparu z anyżu gwiazdkowatego.
e) Jeśli jesteś zadowolony, przejdź do kolejnych kroków.
f) Jeśli nie, ponownie podgrzej mieszaninę do wrzenia, przykryj i pozostaw do ostygnięcia.
g) Gdy napar z przypraw jest zadowalający, odcedź anyż gwiaździsty i ponownie podgrzej mieszaninę mleka tylko do wrzenia i zdejmij z ognia.
h) W misce ubij żółtka i cienkim, stałym strumieniem dodawaj śmietanę, cały czas mieszając. Wlej wszystko z powrotem do garnka i gotuj na średnim ogniu, mieszając i zeskrobując dno garnka, aż krem pokryje tył łyżki.
i) Krem przetrzeć przez sitko i ostudzić.

j) Wymieszaj z likierem, a następnie zrób lody zgodnie z maszyną do lodów.

k) Lub, jeśli tak jak my, nie masz maszyny do lodów, możesz łatwo zrobić lody w ten sposób.

l) Włóż całkowicie schłodzony krem do zamrażarki na około godzinę lub do momentu, aż krem zacznie zamarzać na brzegach.

m) Za pomocą trzepaczki lub drewnianej łyżki dokładnie wymieszaj krem.

n) Ponownie zamrażaj przez kolejne $\frac{3}{4}$ godziny do godziny, aż krem ponownie zacznie zamarzać. Ponownie dokładnie wymieszaj.

o) Powtarzaj zamrażanie i mieszanie w odstępach czasu, aż krem osiągnie konsystencję miękkich lodów.

p) Wlać do pojemnika do przechowywania lodów i zamrozić przez noc lub do stężenia.

83. Likier Amaretto

Porcje: 12 porcji

SKŁADNIKI:
- 1 puszka mleka skondensowanego; osłodzony
- 1½ szklanki śmietany kremówki
- 1 szklanka amaretto
- ⅔ szklanki wódki
- 1 łyżeczka ekstraktu waniliowego
- 2 łyżki ekstraktu z migdałów

INSTRUKCJE:
a) Wszystkie składniki wrzucić do blendera i zmiksować na gładką masę.
b) Przechowywać w hermetycznym pojemniku w lodówce.
c) Dobrze wstrząsnąć przed podaniem. PODAĆ SCHŁODZONE.

84. Cinnamon Toast Cru nch „smażone" lody

Porcje: 6 porcji

SKŁADNIKI:
- 2 szklanki płatków Cinnamon Toast Crunch
- 6 gałek lodów waniliowych
- 1 szklanka sosu karmelowego
- 4 łyżki Baileysa
- 6 wiśni do dekoracji
- Bita śmietana do dekoracji

INSTRUKCJE:
a) Łyżką formuj lody w kulki. Zrób wszystko, co w Twojej mocy, aby uzyskać kształt kuli. Zrób 6 kulek. Włożyć do zamrażarki i pozostawić na 30 minut.
b) Umieść Cinnamon Toast Crunch w plastikowej torbie i zamknij ją. Za pomocą wałka rozgnieść płatki zbożowe na drobną kruszonkę.
c) Podczas gdy lody się formują, podgrzej sos karmelowy i Baileys w małym rondlu i wymieszaj razem. Ostudzić do temperatury pokojowej.
d) Na duży talerz posyp okruchy Cinnamon Toast Crunch. Wyjąć kulki lodów i każdą obtoczyć w okruchach.
e) Umieść je z powrotem w zamrażarce na 1 do 1-1/2 godziny, aż do ustawienia. Całość polać sosem Baileys-Caramel i bitą śmietaną. W razie potrzeby dodaj wiśnię na wierzchu.

85. Lody dyniowo-burbonowe z rodzynkami

Porcje: 1 porcja

SKŁADNIKI:
- ¾ szklanki rodzynek
- ½ szklanki burbona
- 2 duże całe jajka
- 1 duże żółtko
- ½ szklanki) cukru
- ⅛ łyżeczki ziela angielskiego
- ⅛ łyżeczki imbiru
- ½ łyżeczki cynamonu
- 2 szklanki pół na pół
- 1 szklanka gęstej śmietany
- 1 funt puree z dyni przetarte przez drobne sito
- 1 łyżeczka Świeży sok z cytryny

INSTRUKCJE:
a) W małym rondlu wymieszaj rodzynki i bourbon, zagotuj bourbona i zdejmij rondel z ognia.
b) Pozwól mieszaninie ostygnąć. W misce dobrze wymieszaj całe jajka, żółtko, cukier, ziele angielskie, imbir i cynamon.
c) W dużym, ciężkim rondlu podgrzej pół na pół i śmietanę, aż mieszanina będzie gorąca, dodaj mieszaninę do masy jajecznej w strumieniu, mieszając i przenieś mieszaninę na patelnię.
d) Gotuj mieszaninę na umiarkowanie małym ogniu, mieszając, aż zgęstnieje i zarejestruje 175 stopni F na termometrze cukierniczym (nie pozwól mu się zagotować) i przenieś budyń do metalowej miski. Ubij

puree dyniowe z kremem i wymieszaj z rodzynkową mieszanką burbona i sokiem z cytryny.
e) Ustaw miskę w większej misce z lodem i zimną wodą i mieszaj mieszaninę, aż będzie zimna.
f) Zamrozić mieszankę w zamrażarce do lodów zgodnie z zaleceniami producenta, lody przełożyć do zamrażarki.

ROLKI LODOWE

86. Lody w rolkach z piwa korzennego

Robi: 12 rolek

SKŁADNIKI:
SKŁADNIK PODSTAWOWY
- 1 szklanka śmietany
- ½ szklanki skondensowanego mleka

DODATKI
- 2 łyżki koncentratu piwa korzennego

INSTRUKCJE:
a) Weź czystą i dużą blachę do pieczenia i dodaj śmietanę i skondensowane mleko.
b) Dodaj koncentrat piwa korzennego.
c) Wymieszaj szpatułką; równomiernie rozprowadzić i zamrozić przez noc.
d) Następnego dnia tą samą szpatułką przetocz lody od jednego końca blachy do drugiego.

87. Lody w rolkach z bimberem i syropem kukurydzianym

Robi: 12 rolek

SKŁADNIKI:
SKŁADNIK PODSTAWOWY
- 1 szklanka śmietany
- ½ szklanki skondensowanego mleka

BYCZY
- ⅓ do ½ szklanki bimbru lub białej whisky
- ⅔ szklanki prażonych solonych połówek orzechów pekan
- ½ szklanki syropu kukurydzianego Custard

INSTRUKCJE:
a) Weź czystą i dużą blachę do pieczenia i dodaj śmietanę i skondensowane mleko.
b) Dodać dodatki i rozgnieść je szpatułką.
c) Rozprowadź równomiernie i zamroź przez noc.
d) Następnego dnia tą samą szpatułką przetocz lody od jednego końca blachy do drugiego.

88. Porter wędzony Walcowane Lody

Robi: 12 rolek

SKŁADNIKI:
SKŁADNIK PODSTAWOWY
- 1 szklanka śmietany
- ½ szklanki skondensowanego mleka

BYCZY
- ⅓ szklanki wędzonego porteru
- ½ szklanki orzechów rozmarynowych

INSTRUKCJE:
a) Weź czystą i dużą blachę do pieczenia i dodaj śmietanę i skondensowane mleko.
b) Dodać dodatki i rozgnieść je szpatułką.
c) Rozprowadź równomiernie i zamroź przez noc.
d) Następnego dnia tą samą szpatułką przetocz lody od jednego końca blachy do drugiego.

89. lody Earl Grey w rolkach

Robi: 12 rolek

SKŁADNIKI:
SKŁADNIK PODSTAWOWY
- 1 szklanka śmietany
- ½ szklanki skondensowanego mleka

BYCZY
- 1 szklanka suszonych moreli
- 2 łyżki liści herbaty Earl Grey
- 1 łyżka brandy morelowej lub likieru pomarańczowego

INSTRUKCJE:
a) Weź czystą i dużą blachę do pieczenia i dodaj śmietanę i skondensowane mleko.
b) Dodaj wszystkie dodatki i rozgnieć je szpatułką.
c) Rozprowadź równomiernie i zamroź przez noc.
d) Następnego dnia tą samą szpatułką przetocz lody od jednego końca blachy do drugiego.

90. Czekoladowe lody z rodzynkami i rumem

Robi: 4

SKŁADNIKI:
SKŁADNIK PODSTAWOWY
- 1 szklanka śmietany
- ½ szklanki skondensowanego mleka

BYCZY
- ½ szklanki rodzynek w czekoladzie
- 2 łyżeczki aromatu rumowego

INSTRUKCJE:
a) Weź czystą i dużą blachę do pieczenia i dodaj śmietanę i skondensowane mleko.
b) Dodaj wszystkie dodatki i rozgnieć je szpatułką.
c) Rozprowadź równomiernie i zamroź przez noc.
d) Następnego dnia tą samą szpatułką przetocz lody od jednego końca blachy do drugiego.

91. Lody w maśle Brandy

Robi: 12 rolek

SKŁADNIKI:
SKŁADNIK PODSTAWOWY
- 1 szklanka śmietany
- ½ szklanki skondensowanego mleka

BYCZY
- 5 łyżek brandy
- 3 uncje niesolonego masła, zmiękczonego

INSTRUKCJE:
a) Weź czystą i dużą blachę do pieczenia i dodaj śmietanę i skondensowane mleko.
b) Dodaj wszystkie dodatki i wymieszaj szpatułką.
c) Rozprowadź równomiernie i zamroź przez noc.
d) Następnego dnia tą samą szpatułką przetocz lody od jednego końca blachy do drugiego.

92. Czekoladowe lody w rumie

Robi: 12 rolek

SKŁADNIKI:
SKŁADNIK PODSTAWOWY
- 1 szklanka śmietany
- ½ szklanki skondensowanego mleka

BYCZY
- 2 łyżki kawy rozpuszczalnej
- 1 (6 uncji) opakowanie półsłodkich kawałków czekolady
- 2 uncje ciemnego rumu
- ½ szklanki posiekanych migdałów, uprażonych

INSTRUKCJE:
a) Weź czystą i dużą blachę do pieczenia i dodaj śmietanę i skondensowane mleko.
b) Dodaj wszystkie dodatki i rozgnieć je szpatułką.
c) Rozprowadź równomiernie i zamroź przez noc.
d) Następnego dnia tą samą szpatułką przetocz lody od jednego końca blachy do drugiego.

93. Boże Narodzenie Pudding Walcowane Lody

Porcje: 6–8 porcji

SKŁADNIKI:
SKŁADNIK PODSTAWOWY
- 1 szklanka śmietany
- ½ szklanki skondensowanego mleka

BYCZY
- 2 łyżki brandy lub rumu
- 8 uncji świątecznego puddingu

INSTRUKCJE:
a) Weź czystą i dużą blachę do pieczenia i dodaj śmietanę i skondensowane mleko.
b) Dodaj wszystkie dodatki i rozgnieć je szpatułką.
c) Rozprowadź równomiernie i zamroź przez noc.
d) Następnego dnia tą samą szpatułką przetocz lody od jednego końca blachy do drugiego.

94. lody daktylowe

Porcje: 6 porcji

SKŁADNIKI:
SKŁADNIK PODSTAWOWY
- 1 szklanka śmietany
- ½ szklanki skondensowanego mleka

BYCZY
- ⅓ szklanki posiekanych daktyli bez pestek
- 4 łyżki rumu
- 1½ szklanki twarogu
- Drobno starta skórka i sok z 1 cytryny
- 2 łyżki drobno posiekanego imbiru łodygowego

INSTRUKCJE:
a) Weź czystą i dużą blachę do pieczenia i dodaj śmietanę i skondensowane mleko.
b) Dodaj wszystkie dodatki i rozgnieć je szpatułką.
c) Rozprowadź równomiernie i zamroź przez noc.
d) Następnego dnia tą samą szpatułką przetocz lody od jednego końca blachy do drugiego.

95. Lody Ajerkoniak & Gorący Rum Maślany

Ilość: 1 2 rolki

SKŁADNIKI:
SKŁADNIK PODSTAWOWY
- 1 szklanka śmietany
- ½ szklanki skondensowanego mleka

BYCZY
- ¼ szklanki ciemnego rumu
- ¼ łyżeczki mielonej gałki muszkatołowej

SOS
- 6 łyżek niesolonego masła
- 1 szklanka zapakowanego złotego brązowego cukru
- ⅓ szklanki śmietanki kremówki
- 2 łyżki jasnego syropu kukurydzianego
- 2 łyżki ciemnego rumu

INSTRUKCJE:
DO LODÓW W ROLCE
a) Weź czystą i dużą blachę do pieczenia i dodaj śmietanę i skondensowane mleko.
b) Dodaj wszystkie dodatki i wymieszaj szpatułką.
c) Rozprowadź równomiernie i zamroź przez noc.
d) Następnego dnia tą samą szpatułką przetocz lody od jednego końca blachy do drugiego.

NA SOS
e) Rozpuść masło w ciężkim średnim rondlu na średnim ogniu.
f) Dodaj brązowy cukier, śmietanę i syrop kukurydziany. Gotować przez 1 minutę.
g) Zdjąć z ognia. Wymieszaj z rumem.
h) Łyżka ciepłego sosu na rolowane lody.

96. Zamarznięte Ananasowe Daiquiri Walcowane Lody

Robi: 12 rolek

SKŁADNIKI:
SKŁADNIK PODSTAWOWY
- 1 szklanka śmietany
- ½ szklanki skondensowanego mleka

BYCZY
- 1½ uncji lekkiego rumu
- 4 kawałki ananasa
- 1 łyżka soku z limonki

INSTRUKCJE:
a) Weź czystą i dużą blachę do pieczenia i dodaj śmietanę i skondensowane mleko.

b) Dodaj wszystkie dodatki i rozgnieć je szpatułką.

c) Rozprowadź równomiernie i zamroź przez noc.

d) Następnego dnia tą samą szpatułką przetocz lody od jednego końca blachy do drugiego.

97. Ciasto Owocowe Walcowane Lody

Porcje: 6 porcji

SKŁADNIKI:
SKŁADNIK PODSTAWOWY
- 1 szklanka śmietany
- ½ szklanki skondensowanego mleka

BYCZY
- 2 ½ łyżki marcepanu, drobno posiekanego
- ½ szklanki drobno posiekanego ciasta owocowego
- 1½ łyżki brandy, sherry lub rumu

INSTRUKCJE:
a) Weź czystą i dużą blachę do pieczenia i dodaj śmietanę i skondensowane mleko.
b) Dodaj wszystkie dodatki i rozgnieć je szpatułką.
c) Rozprowadź równomiernie i zamroź przez noc.
d) Następnego dnia tą samą szpatułką przetocz lody od jednego końca blachy do drugiego.

98. Złota figa z rumowymi lodami

Porcje: 6-8 porcji

SKŁADNIKI:
SKŁADNIK PODSTAWOWY
- 1 szklanka śmietany
- ½ szklanki skondensowanego mleka

BYCZY
- 150 g suszonych fig gotowych do spożycia
- 2 łyżki ciemnego rumu

INSTRUKCJE:
a) Weź czystą i dużą blachę do pieczenia i dodaj śmietanę i skondensowane mleko.
b) Dodaj wszystkie dodatki i rozgnieć je szpatułką.
c) Rozprowadź równomiernie i zamroź przez noc.
d) Następnego dnia tą samą szpatułką przetocz lody od jednego końca blachy do drugiego.

99. Irlandzka kawa Walcowane Lody

Porcje: 6-8 porcji

SKŁADNIKI:
SKŁADNIK PODSTAWOWY
- 1 szklanka śmietany
- ½ szklanki skondensowanego mleka

BYCZY
- 1½ łyżki kawy rozpuszczalnej lub espresso w proszku
- ¼ szklanki irlandzkiej whisky

INSTRUKCJE:
a) Weź czystą i dużą blachę do pieczenia i dodaj śmietanę i skondensowane mleko.

b) Dodaj wszystkie dodatki i wymieszaj szpatułką.

c) Rozprowadź równomiernie i zamroź przez noc.

d) Następnego dnia tą samą szpatułką przetocz lody od jednego końca blachy do drugiego.

100. Lody w czekoladzie Jack Daniel's

Porcje: 6-8 porcji

SKŁADNIKI:
SKŁADNIK PODSTAWOWY
- 1 szklanka śmietany
- ½ szklanki skondensowanego mleka

BYCZY
- ⅓ szklanki niesłodzonego kakao w proszku
- 2 ½ uncji półsłodkiej czekolady, grubo posiekanej
- ⅓ szklanki whisky Jack Daniel's

INSTRUKCJE:
a) Weź czystą i dużą blachę do pieczenia i dodaj śmietanę i skondensowane mleko.

b) Dodaj wszystkie dodatki i rozgnieć je szpatułką.

c) Rozprowadź równomiernie i zamroź przez noc.

d) Następnego dnia tą samą szpatułką przetocz lody od jednego końca blachy do drugiego.

WNIOSEK

Mamy nadzieję, że gdy zbliżasz się do końca Wysłać i pić, czujesz się zainspirowany, by delektować się pysznymi i pijanymi lodami. Ta książka kucharska została zaprojektowana, aby zapewnić Ci wyczerpujący przewodnik po przyrządzaniu pysznych i dekadenckich lodów o smaku nasyconym Twoimi ulubionymi likierami i koktajlami.

Mamy również nadzieję, że nauczyłeś się więcej o sztuce robienia kremowych i gładkich lodów, a także odkryłeś najlepsze alkohole do deserów. Niezależnie od tego, czy organizujesz przyjęcie, czy po prostu chcesz zaspokoić głód słodyczy i koktajli, w Wysłać i pić każdy znajdzie coś dla siebie.

Na koniec chcielibyśmy podziękować za wybranie Wysłać i pić jako przewodnika po przyrządzaniu pysznych lodowych smakołyków. Wierzymy, że lody i koktajle to idealne połączenie i mamy nadzieję, że ta książka pomogła Ci odkryć nowe i ekscytujące sposoby na wspólne delektowanie się nimi. Więc chwyć łyżkę, nalej drinka i ciesz się słodką i alkoholową przyjemnością Wysłać i pić!

Ingram Content Group UK Ltd.
Milton Keynes UK
UKHW050927030523
421155UK00007B/30